香港再出發

金融新發展

序言

　　過去數十載，世界格局激蕩變幻。香港作為聯通內地與海外的重要橋樑，在國家堅定支持下，憑藉制度、區位、人才等優勢，國際金融中心地位不斷鞏固和提升。香港已成為世界最大的上市集資平台之一、亞洲最大及全球第二大的生物科技融資中心、亞洲最大的對沖基金基地及第二大的私募基金基地。近年來，Web3.0、以 ChatGPT 為代表的 AIGC、NFT 等迅速發展。香港在金融科技、數字經濟、虛擬資產等方面開展了許多創新性嘗試，取得不錯的進展。

　　當前，國家正朝着全面建設社會主義現代化強國方向邁進，香港也步入由治及興的新階段。「十四五」規劃、粵港澳大灣區發展、北部都會區建設等為香港金融業帶來了嶄新的發展機遇。面對世界百年未有之大變局，香港應充分發揮國際金融中心優勢，積極主動融入國家發展大局，為自身經濟發展創造新動能的同時，服務國家高質量發展。

香港中國金融協會緊緊扎根香港、依託內地、面向世界，致力推動香港與內地金融市場發展，近年來做出了積極的貢獻。我非常高興看到香港中國金融協會推出以《香港再出發 金融新發展》為主題的文集。文集內容豐富詳實，蘊藏真知灼見，涵蓋了「金融專業之思考」、「香港優勢之分析」、「新經濟與新金融」和「香港新發展建言」等多個章節。我推薦此書給所有對香港經濟和金融發展感興趣的朋友們，相信你們通過細心閱讀會與我一樣獲益匪淺。

　　是為序。

胡章宏

香港中國金融協會永遠名譽主席

香港金融發展局董事

中國投資協會 VC/PE 委員會聯席會長

前言

　　香港中國金融協會《信報》專欄是協會立足長遠發展、秉持專業定位的真實寫照，也是協會會員發揮專業貢獻、展現專業價值的重要平台，已成為協會一張閃亮的名片。協會成立於 2008 年，正值國際金融危機爆發之時，香港金融從業者自發聚集，臨危受命，齊心維護香港國際金融中心之領先地位。成立翌年，協會即與香港本地財經知名報刊《信報》達成合作，設置專欄定期發表會員署名文章，通過媒體平台提出專業建言，發出專業聲音。15 年來，會員們勤思勤寫，專欄文章持續不斷，由此累積效應逐漸形成，促進了協會專業口碑與專業影響與日俱增。

　　這本書籍，是協會《信報》專欄文章的第五本集錦，摘錄了 2019 年 9 月我接任協會主席以來的主要文章。這 3 年多，對於香港是極其不容易又極為不平凡的時段。2019 年香港爆發震動中外的社會動亂，東方之珠被蒙塵，然而陰霾尚未散去，2020 年世紀疫情侵襲並反覆，社交隔離及封關舉措一直持續至今年初，對於開放型經濟體的香港形成不小衝擊，也限制了香港超級聯繫人角色發揮。所幸，在國家大力支持和香港各界積極進取下，香港社會環境終於穩定，經濟發展步入正軌，金融優勢增添動能。這本集錦記錄了協會會員在這幾年的所思所想、所行所期，在香港陷入社會混亂和疫情困境時，有對香港金融人攜手撐開東方之珠璀璨光芒的真切呼籲，有對金融業及金融服務實體經濟發展的認真思考；在香港由亂到治走向由治及興中，有對

香港國際金融中心提升固有優勢、培育新競爭力的多維分析，有對香港再出發、尋求新發展的專業建言。正是因為協會在這些重要階段堅持凝聚專業力量，發揮專業擔當，《信報》專欄不僅得到業界認可，也獲邀在多個媒體連續轉載，並有文章上載至香港公務員學院網上學習平台。《信報》專欄文章傳播度的進一步擴大，也是協會在香港動亂和疫情衝擊下向陽而行、逆勢而上的一個體現。

　　將這 3 年多《信報》專欄文章集錦，命名《香港再出發 金融新發展》，既是以金融從業者角度對香港這段特殊時期的一個記錄，也是表達我們對香港以及金融業發展的一貫信心與殷切憧憬。希望讀者們通過這本書，能感受到協會會員們的專業精神與愛國愛港情懷，能更加理解金融業的發展離不開生機勃勃的實體經濟與穩定有序的社會環境，更加珍視香港「背靠祖國 聯通世界」的得天獨厚優勢，更齊心協力鞏固和提升香港國際金融中心地位！

張麗

香港中國金融協會主席

上海浦東發展銀行香港分行行長

香港金融發展局拓新業務小組成員

香港生產力促進局理事會成員

目錄

第二章 ▶ 香港優勢之分析

目錄

金融專業
之思考

1.1 願風雨後現彩虹
金融中心續燦爛

張麗
香港中國金融協會主席
上海浦東發展銀行香港分行行長

每當夜幕降臨，金融人從中環辦公室朝對面望去，華燈璀璨，疲乏遁去，怦然心動，深情與之。而今風波不斷下的香港國際金融中心，所向何方？又如何面對海內外的關心焦慮？

適逢中華人民共和國成立 70 周年，回憶過去，香港可謂是抓住了一個又一個機會，走向一段又一段精采。特別是 1978 年改革開放後，內地經濟蓬勃發展、外商投資火爆，香港得以從亞洲四小龍繼續深化向金融業為核心的服務業轉型；中國加入 WTO 後，香港更承擔着中資企業走向國際的橋頭堡角色。在此期間，香港憑藉其法制基石、自由市場、專業服務、國際視窗等優勢，借助「一國兩制」的特殊安排，以全球公認的國際金融中心地位，赫然屹立在全球市場。

❖ 時局變幻 風采依然

儘管時局持續動盪，香港今年獲評全球最自由經濟體依然；香港金融人工作節奏快馬加鞭依然；香港金融市場秩序依然；香港貨幣體系運行穩健依然；香港作為高速發展的內地市場「走出來」與

世界追逐中國市場機會「走進去」的交滙地帶的角色依然；作為大灣區洶湧的先進製造業和創新科技最靠近的、最真切的國際機制地帶的優勢依然；香港國際金融中心得天獨厚不可或缺的作用依然！

香港動盪，世界亦不太平。當今全球政治經濟形勢變幻莫測，中美貿易戰、英國脫歐、日韓關係緊張等，全球主要經濟體面對各自的複雜局面；反之，內地開放政策和開放能力毋庸置疑地堅定和繼續；香港自然仍可擇機逢源！

當然動盪形勢下，香港短板也在被更加暴露中！即香港抓住了短期騰飛機會的同時，自身深層次的住房養老、長遠的教育思考、根本的經濟基石等問題，如今也已經切實到再也無法回避而必須挺身面對的時候！並與萬事環環相扣，產業方面若無先進製造業作支撐，金融業無異於空中樓閣，脆弱不穩；民生方面若沒有隨經濟發展改善，更不符合百姓發展預期；教育方面沒有符合世界發展實際並能吸引全球優秀人才的舉措，則更缺乏生機未來。

■■ 相互攜手　走出困局

所以，壞事變好，痛定思痛中短板獲共識；歷史積累出的優勢依在；只要不丟棄自我價值，不繼續自我毀壞，香港在全球不確定性中仍然獨有機會，但克服短板的扎實腳步必須邁出！

香港金融人，責無旁貸、立足國際金融中心、挺身助港走出困局：

1、恢復信心，再亮香港。金融業優秀代表，增加對外交流，「路演」
能力和信念，撥開雲霧，撐起香港國際金融中心之光芒！

2、堅守規範，基石不變。金融人，繼續以堅守專業、堅守合規為基礎，
各自為金融市場的穩定運行出力。

3、根植香港，服務所需。努力服務香港的實體經濟、民生經濟、未
來經濟；在自身獲利的同時回饋社會，助力構建香港未來服務新
經濟的能力和連結更多的新經濟要素到香港，夯實香港經濟長遠
發展基礎。

4、忍革新之痛，努力推進科技創新、產品創新、制度創新。首先，結
合大灣區、深圳示範區的實業基礎，依託不同金融機構的專業特色，
最大程度連接灣區實業發展與科技企業，並在金融產品和金融工具
研發上適應實業發展，同時延展、修復香港產業鏈。其次，制度型
開放創新引領，即在「一國兩制」的基礎上對接大灣區規則，成為
融入全球體系和國際治理制度在內地的微縮實現，實現金融貿易制
度的創新引領。反向亦然。

5、給予優秀青年更多機會和更寬見識。從各自企業出發，加大對年輕
一代工作生活的發展關注，比如優化起薪、提速職業、配套福利等；
同時帶青年人走出香港，擴展視野與多元交流；積極支持大學各科
教育建設等。

　　香港這座城市，具有她的獨特魅力，經過幾代人的建設，形成了良好的國際形象。無論是經歷颱風等自然災害，還是城市設施遭受破壞，都能在短時間內恢復秩序和運行；但前人長久搭建而形成的市場地位和無形價值，一旦受損，在當今全球市場競爭激烈的勢態下，追起來則非常困難。香港金融業人士，應立足香港國際金融中心地位，心繫香港國際金融中心之興衰，面對當今香港社會的實際需要，既盡各自所能，又相互攜手，共同助力香港披荊斬棘，再次騰飛。

　　深愛香港，祈願香港，風雨過後是彩虹！心有所向，未來可期，願東方之珠燦爛依然！

本文原刊於 2019 年 10 月 8 日
香港《信報財經新聞》

1.2 內地供給受制 三方向訂政策

陸挺

香港中國金融協會副主席
野村證券中國首席經濟學家

中國經濟自 2021 年中起走弱，近來下行壓力驟然加大，各國際機構和外資大行紛紛下調其 2022 年 GDP 增速預測至 4% 以下，陸續有機構開始預測二季度 GDP 負增長。多重原因疊加造成了當前的經濟困境，但關鍵問題在於供給不暢而非需求不足。傳統貨幣政策的寬鬆刺激空間已經變小，效率也不如以往，如何穩定預期和實施更為積極有效的財政政策顯得尤為重要。

當前經濟下行幅度之大是多年來罕見的。4 月份我國零售按年跌 11%，房地產銷售額降 47%，汽車零售銷量下滑 35%，水泥、粗鋼和發電量按年分別減少 19%、5% 和 4%。根據高頻數據來看，5 月份宏觀數據可能略有好轉，但還是處於非常低迷的狀態。2022 年要達到 5.5% 左右 GDP 增速目標的難度非常大，跟一季度的 4.8% 相比，二季度 GDP 增速會大幅下調。

▦ 家庭及企業儲蓄 疫情下耗盡

中央對今年宏觀經濟所面臨的困難實際上早有預判，2021 年 12 月的中央經濟工作會議上，就提出 2022 年我國經濟發展面臨「需

求收縮、供給衝擊、預期轉弱」三重壓力，應該說這是一個精準的預判。需求方面，2020 和 2021 年大部分時間內，境外多數地方深陷疫情之中，生產停滯，大量財政貨幣刺激又催生龐大需求，因此中國出口了很多與防疫和居家相關的物品。不過今年情況就有了很大的變化，多數國家的防疫政策都在走向一定程度的共存，生產在恢復，而貨幣和財政政策都在收緊，其居民的需求正在轉向之前被遏抑的服務業，因此中國貨物出口明顯受壓。我國最大的內需是住房需求，但從去年中期以來，新房銷售急降，房企債務爆雷頻頻，導致新房開工面積在 4 月份按年下降 44%，這又導致房企大幅削減購地數量，使得地方政府賣地收入在一季度按年下滑 27%，直接影響地方財政支出和基建投資。

　　但導致經濟顯著惡化的是新一輪疫情。目前流行的奧密克戎（Omicron）病毒變種具有高傳播性和低致死率的特點，導致中國多個地方在較短時間內遭受病毒衝擊。從時間上來看，3 月份和二季度是每年經濟開局最關鍵的幾個月。以位置來說，這波疫情的中心是第一大城市上海。上海和其周邊的長三角地區是中國製造業和航運的中心，因此疫情嚴重衝擊了供應鏈。2022 年進入抗疫第三年，隨着失業和隱性失業上升，不少家庭和企業的儲蓄被消耗殆盡，抗衝擊能力減弱，居民消費意願和能力快速下降。此外，當下企業和居民對疫情何時結束的不確定性預期較高，投資意願也隨之減低，外商直接投資也可能大幅下滑。對地方政府而言，疫情擠佔了本來可以用在基建和產業發展方面的時間和資金。最後，疫情也使得本來就已經下行的房地產和出口板塊雪上加霜，地方政府財力因為賣地收入暴跌而更加緊張，海外進口商也可能因為我國供貨不暢而轉移部分

訂單至其他國家。

　　因此我們判斷目前經濟下行的壓力主要來自供給側,而供給問題反過來又導致消費、投資和海外需求更加疲軟。貨幣及信貸方面的寬鬆刺激空間已經很小,傳導機制部分失靈,效果也不會很理想。資金供應方面,在過去 8 年的多次降準之後,降準空間已經很小。利率方面,因為中美利差倒掛,資金外流,人民幣貶值,再加上保障銀行利差的需要,減息空間也非常有限。以往需要刺激經濟時,一個主要手段就是拉動房地產和基建投資,但在疫情下,居民購房意願和能力都大幅減低,對房企而言也盡量自保而大削購地計劃,因此直接衝擊地方政府的投融資能力。面對如此複雜的局面,筆者認為政策應該從以下 3 個角度着手。

▒ 優化財政支出　改進房產調控

　　首先,要確保財政支出的力度,並優化方向。根據我們估算,今年政府已經設定了非常積極的 16% 支出增長目標,但因為預算內財政收入和土地財政收入下滑,料財政缺口達 6 萬億人民幣之多。故此我們認為中央政府非常有必要及時上調今年的赤字規模,或通過其他諸如發行特別國債或通過政策性銀行借款等渠道來籌措資金。財政支出的首要任務是保障基本民生,保證地方政府穩定運行和保護市場主體。對於因疫情而陷於貧困的人群,應及時出手相助;對於因疫情而出現還款困難的家庭和中小微企業,應盡量給予貸款展期。從保市場主體這個角度,增加財政資金在貸款貼息、貸款擔保、租金減免和緩繳稅費等方面的支持力度。紓困之外,政府應加快有合理回報的基建項目的工程和建設,優先考慮人口流入的中心城市和

城市群的基建。

其次，房地產的穩定是宏觀經濟企穩的關鍵。短期內，央行和其他金融監管部門要高度關注因為房地產行業下行所帶來的金融風險，不能讓恐慌過度蔓延。從長遠角度來看，須以推進要素市場改革的思路，改進房地產調控為契機，優化中國的城市化戰略。尤其在土地供應方面，城市的住宅、商業和公共建設用地的供給數量應該和就業、戶籍人口或參加社保人數等指標緊密掛鈎。

最後但也或許是最重要的，就是精準防疫。疫情是導致經濟增長減速的主要因素，也使得傳統寬鬆刺激政策遠遠不能發揮正常功效。我們該遵循中央的部署，努力用最小的代價實現最大的防控效果，最大限度地減少疫情對經濟社會發展的影響。

本文原刊於 2022 年 5 月 31 日
香港《信報財經新聞》

1.3 科技進步基石
開放競爭互利

連少冬

香港中國金融協會副主席
博時基金（國際）總經理
香港中資基金業協會會長

大市成交金額可以作為判斷後市的主要指標，A 股連續兩三日成交達 1.1 萬億元（人民幣·下同）以上，大概意味指數向上突破，預料 2022 年 8 月的位置會輕鬆越過，下一個重要位置是 2021 年 12 月的高位區域，離目前水平有 10% 至 15% 空間。

向上突破的可能性偏大，原因在於基本面，一方面中央定調下持續動員全面搞經濟，另一方面，長期的社保醫保難題和眼前的各級政府財政困境都在倒逼回到「發展就是硬道理」路線上去。有一個比喻説得好，火車高速行駛的時候，煙塵全在後面，但如果速度愈來愈慢，車頭前面就是全方位的煙霧繚繞。

港股繼續消化獲利盤，在得到 A 股走勢印證之前，恒生指數不大可能有效突破春節時的高點，二者依託的基本面因素是大致相同的。與 A 股比較，由於港元高利率會受相對壓制，但是低估值 / 高分紅相對其他大型市場而言，巨大的跌幅會提供超額收益。

▦ 中美關係干擾A股走勢

　　A股最近走勢突顯信心不足，「心虛」會讓人忽視哪怕最明顯的利多因素。不過「氣球」事件確實是重大干擾，美國參議院以419票贊成，零票反對，通過的議案說明了這一事件對於美國社會衝擊的嚴重程度，或許是最熱心於中美合作的斯蒂芬‧羅奇近日轉變了堅持數十年的理念，承認自己看不清中美關係的未來，也不認為中國能找到有效擺脫困境之道。

　　眾議院419：0的比例同時說明美國對於中國的警惕發展到了最為極端的形態，不排除後續美國會用實質措施來表達「深惡痛絕」的心情，當然有機會止於口頭發洩，輿論緩和之後再把關係拉回現實一點，從目前行政當局的動作看，後一種可能性更高。

　　這事件構成了一次戰略試探，不是說某個大師事先設計了策略，而是種種陰差陽錯之下逐步形成了一個試探動作。這次測試將為兩國提供更多未來有關對方的訊息，如果雙方精英總體上秉持實用主義，中美之間或許會以這一次「危機」為開端，找到相處之道。2000年前後，中美之間從「銀河號」到「轟炸貝爾格萊德大使館」再到2001年「南海撞機」，在一系列摩擦中完成對對方的認知並進而形成一系列共識，後續的歷史甚至引發了「中美國」這一概念，要知道在1992年，年輕氣盛的比爾克林頓就職的時候提到的是「從巴格達到DJ的獨裁者……」。

▦ 市場機制反壟斷更有效

　　近期，谷歌新上線的「遊吟詩人」出師不利，愈發突顯了GPT3.5版本

模型的成功，但二者差距或許沒那麼大，因為出錯是必然的，畢竟聊天機械人刻意模仿的人類語言交流，是會經常性出現錯漏的。據統計，公開以後的 ChatGPT 版本有 15% 的錯誤率，因此谷歌的 Bard 出一次錯說明不了太多問題。公開資料分析，成本競爭是無數同類產品間最本質的競爭。

在這個角度上，百度（09888）及阿里（09988）這些擁有海量數據並且在聊天機械人方面投入了巨大時間精力且資金雄厚的中國企業，可能借助在中文內容方面的優勢佔得未來市場的一席之地。中美大廠目前的差距在於「雲計算」能力和成本，阿里、百度、騰訊（00700）曾經突飛猛進的雲業務，被人為壓制，這兩三年與亞馬遜、微軟、谷歌三巨頭的差距愈來愈大，好消息是阿里雲仍然是世界第四。

這次事件可以視為微軟對谷歌在搜索技術乃至人工智能方面的絕對壟斷地位發起的一次有效挑戰，相對於政府以企業分拆和罰款結合的反壟斷政策，市場是更有效的反壟斷機制，且往往還會帶來技術的突破。

從方法論角度，「窮舉法」是機器的優勢，據報道 ChatGPT 被訓練過的詞彙是整部維基百科的 160 倍。能否進化到人類得心應手的「歸納法」呢？畢竟人類極有可能就是由「窮舉」走向「歸納」的，目前的 AI 系統無疑具備了部分歸納功能，例如編輯、建檔和分類等能力。至於演繹法牽涉到想像力，也就是「無中生有」的能力，目前人類還看不到機器有這樣的能力。

說到無中生有，2022 年 8 月物理學家有重大發現，質子內部有時候居

然會冒出兩個質量比質子本身都大的粲誇克。這與人類「無中生有」的想像力有關係嗎？鑑於現在互聯網大企業實現的都是幾十年前物理學家們的發現，現階段的物理學發現將在未來得到更詳盡的認知和發揮。

目前活躍在發達國家和中國等高速發展中國家的人類是極為幸運的，看到了中國崛起這樣的奇蹟，看到了技術的突飛猛進，且暫時還有足夠的自信説「人是萬物之靈」。

▋▋ AI超越三維限制是人類隱憂

在這個時間點，人類是有理由自信的。《紅樓夢》用到的字數不會超過《康熙字典》的 4.7 萬餘字，常用詞 700 多個，人物 400 多，就創造了一個複雜優美的世界。ChatGPT 千億計的熟練詞彙，寫出來的東西還是流於程式化，人類很容易知道是機器作品但是 AI 模型是多維的，在將來可能在高於人類三維限制的空間認知與行為，這是人類的隱憂，也是馬斯克、蓋茨這些人深層憂慮所在。人類對於三維已是極為熟悉，對於時間這個第四維度有認知但很淺，現時的認知努力集中在速度這個角度上，這只是時間很多特性中的一個。或許在完整的四維空間裏，粲誇克和人類的想像力都是很自然的事情。當人工智能在時間維度上的認知超越人類的時候，所謂的「奇點」就來了，更高維度的認知是遙遠的人類＋，也就是再一次進化後人類的使命。

技術改善了人類的處境，3 年的新冠大流行，遠比百年前的西班牙流感更凶險劫難，不過工業革命以來，技術進步使得人類遭受的自然災害損失大

為減少，技術進步必然也會減少發生在人煙稠密區域的土耳其敍利亞大地震的損害。

技術無法預防烏克蘭東部的手足相殘，但是近乎直播的戰場慘狀會讓其他地區的掌權者們至少更加謹慎。公平的說，當今世界的苦難並不比歷史上少，惟技術進步確實使得人類繞開了許多彎路，避免許多損失。如果只想把技術進步導向到有利於單一國家或者某個利益團體甚至某個人，再先進的技術都會被窒息掉發展的潛力，會被競爭者超越。

如果人類不向更高維度認知突破，就將成為失敗物種，倘若某個國家、團體和個人故步自封就會成為人類中的 loser。開放、競爭、互利與融合是技術進步的基本要求。

本文原刊於 2023 年 2 月 21 日
香港《信報財經新聞》

技術改善了人類的處境，3 年的新冠大流行，遠比百年前的西班牙流感更凶險劫難，不過工業革命以來，技術進步使得人類遭受的自然災害損失大為減少，技術進步必然也會減少發生在人煙稠密區域的土耳其敍利亞大地震的損害。

1.4 人才戰略引領 灣區持續發展

陳凱

香港中國金融協會副主席
安永中國主席
安永大中華區首席執行官

2022 年是《粵港澳大灣區發展規劃綱要》3 周年，大灣區發展潛力對本土和境外企業都是不容置疑的。若要締造長遠可持續的高質素發展，人才是重中之中。筆者和團隊一直與服務的內地及境外公司合作研究，探討各行各業如何在大灣區制定成功的人才戰略，為人力資源方面需要考量的問題提供真實而獨特的視角。

大灣區規劃把珠三角 9 個市和 2 個特別行政區，建設成為具有全球影響力的科技創新中心和充滿經濟活力的城市群，實力傲視其他世界一流灣區。根據《2020 年全球創新指數》，在全球創新城市集群 100 強排名中，廣深港創新集群位居第二，僅次日本東京的橫濱。規劃整合 11 個城市的競爭優勢，並利用其協同效應創造一個全球領先的商業中心，這亦是龐大的一體化市場，對於境外來華企業的發展和創新至關重要。

與此同時，企業也需要認識到伴隨而來的法規、市場條件和人才格局的不確定因素。清晰的戰略目標對於開啟或拓展大灣區固然重要，但僅有目標肯定是不夠的。倘公司欲實現其大灣區抱負，制

定邁向成功的正確人才戰略，甚為關鍵。

根據廣東省人力資源和社會保障廳發布的《2020 年粵港澳大灣區（內地）急需緊缺人才目錄》，大灣區緊缺人才覆蓋七大戰略性新興產業，人才需求總量為 331731 人。

由高端人才需求來看，金融業、科學研究和技術服務業、教育培訓業對本科及以上學歷的人才需求最高。從招聘職位而言，需求量排名前 30 的職位，主要涉及技術研發、貿易銷售、行政管理等。其中，出現頻率最高的職位是產品開發專才、其次是軟件工程師和銷售經理。

▓▓ 針對不同市場訂薪酬

除了大灣區人才緊缺的挑戰外，境外來華企業在開拓大灣區市場時亦面臨人才挑戰。許多公司需要從其總部派遣要員到大灣區。我們和各大小不同行業的企業交流，尤其是境外來華公司，發現他們極需要解決個人所得稅差異、生活配套設施不足，以及薪酬待遇缺乏競爭力等重要問題，具體觀察和建議有以下 3 個範疇：

1. 中國內地在商業文化、工作實踐和領導風格上鮮明。對於國際人才而言，薪酬水平還是有差異、適應不同商業文化的挑戰依然影響大灣區的吸引力。從企業角度來看，要找到既認同其價值觀和文化，同時又深入了解當地市場的人才仍有障礙。因此，薪酬體系設計需要整體觀，並根據當地需求制定薪酬。境外來華企業可以考慮採用差異化的薪酬體系方式，針對大灣區

內不同市場需求度身訂造薪酬制度，以吸引和挽留人才，包括本地員工和從總部派往大灣區人才。可考慮的方案包括不同薪酬定位與薪酬組合、考慮企業總部所在地與分公司所在市場的薪酬水平、所得稅水平、人才的重要程度和供應方面的分別、採用長期激勵機制（如股權激勵）、不同的晉升和調薪次數以滿足人才期望等。

2. 本地人才愈發被內地科技巨頭所吸引，反之境外企業品牌相較過去而言吸引力下降。此外，大灣區人才比較習慣使用本土的招聘渠道，如微信、熟人介紹和校友活動等，對想要進軍或拓展大灣區業務的境外企業而言，利用本土化的人才吸引渠道尤其關鍵。境外來華企業可採取短期策略，僱用對不同工作文化有更強適應性的人才，包括聘請具有香港或者海外教育背景的內地人才，或制定短期調任計劃，能夠接觸大灣區不同市場環境和工作文化。長遠而言，境外來華企業需要重新思考他們在大灣區的員工價值主張，以吸引本地人才，實現可持續的梯隊建設。清晰的主張有助企業在競爭激烈的市場中廣納賢能。

▪▪ 助外派員工心理技能培訓

3. 大灣區內 3 個司法管轄區（香港、澳門和內地）在勞動法規、政府政策和實踐方面有所不同，這導致應對人才管理更趨複雜。區內 9 市在個別政策法規上，存在細微差別，且部分政策需進一步明確。因此，在許多情況下，境外來華企業都需要委派有經驗的主管或經理帶領大灣區業務擴張。在確保新業務遵循本地法規，以及企業的宗旨、價值觀、文化和目標方面，這些領導型人才發揮不可或缺的作用。然而，崗位調動和長期外派帶來的挑戰

往往被低估，令業務表現欠佳，外派人員承受巨大壓力。企業應在外派前幫助員工做好迎接新挑戰的心理和技能準備，而非撒手不管。企業可以利用人才評估和發展計劃以確保候選人能應對長期外派的心理情緒壓力、建立抗壓能力，願意嘗試新的溝通交流方式等。

　　大灣區戰略旨在推動科技創新、經濟繁榮和社會進步。境外來華企業可推動和貢獻大灣區發展，同時亦受惠當中的龐大機遇。如果要在大灣區取得成功，人才必不可少，境外來華企業需要重塑相關戰略，才能夠在大灣區締造長足發展。

本文原刊於 2022 年 5 月 3 日
香港《信報財經新聞》

風暴過去了嗎？
當前全球資產配置迷思

浦永灝

香港中國金融協會副主席
伯瑞財富諮詢創始合夥人
弘源資本高級顧問

2020 年全球金融市場表現得非常詭異，在新冠疫苗接種尚未開始，疫情完全沒有得到控制下，各大金融資產都創了歷史新高。美國標普指數去年升 18.4%，納斯特指數飆 45.2%，全球股指上揚 16.5%；國內的上證指數高收 16.6%，黃金上漲 24.1%。同時，美國的國債指數也上漲了 18.2%，美國投資評級的債券指數升幅 11%，股債同漲的情況為 2021 年的資產配置帶來極大的挑戰。

資產配置的核心就是債券跟股票的合理搭配，因為這兩類資產通常可以相互對沖風險，在長期使得投資組合有一個比較平穩的回報。譬如說，一個最簡單資產配置：60% 的股和 40% 債（指國債）配置，以美國資產為例，這個配置過去 30 年的年平均回報為 10.4%。但是到了 2020 年，新冠肺炎沒有結束，市場的樂觀預期已經大大地走到了現實前面，股和債同時衝上歷史高位。在股和債同漲或同跌的情況下，股債搭配資產配置就沒有任何意義。

2021 年第一季度金融市場出現了巨大的震盪，通脹突然爆發導致美國 10 年期的國債一下子跌了 13%，是 1980 年來最差。市

場看好全球經濟的全面復甦，擔心通脹到來，聯儲局會提前加息。在國債暴跌的同時又引發了高科技股和新能源股的暴跌，只有傳統產業股票大漲。債券的一個天敵就是通脹上升，令人費解的是到了第二季度在通脹沒有回落的情況下，國債價格卻開始回升，美國 10 年期國債收益率從 1.77% 一度下落到了 1.25%。因為中國開始收緊信貸而美國復甦的數據也見頂了，同時變種病毒 Delta，在發展中國家和歐洲又重新爆發。市場重新開始擔憂經濟復甦的持續性，增長行業如科技等又再引起市場的關注。市場似乎認為通脹不再重要，而要考慮的是經濟復甦能持續多久，提前加息會不會讓經濟衰退提前到來。

▓▓ 幣策勢轉「鷹」Delta未受控

今後的經濟會在一個什麼樣的大環境下？當前的資產配置要怎麼做？過去的研究發現只有在溫和的通脹以及比較寬鬆貨幣政策的環境下，才會對股市比較有利。在目前美國通脹持續走高的情況下，聯儲局的寬鬆貨幣政策必將會轉「鷹」，所以未來的通脹走勢是當前資產配置的一個關鍵考量。另一個因素是疫情何時結束，全球經濟何時全面恢復？這次疫情全球已經有逾 400 萬人死亡。新冠病毒的變種 Delta 還沒得到控制，目前英國、印度等地出現了第三波疫情。這一類病毒早已存在，如何會跨物種而傳導到人類身上？人類如果不接受教訓，還會爆發類似的瘟疫，科學家認為 5 至 10 年內很可能還會有大瘟疫的爆發。有些病毒的變異性和無症性很大，人類如果沒有通力合作，將還會有更大的災難來臨。

拜登上台後，重新制定了美國經濟綱領：不惜一切代價以達到全民就業，

恢復疫情前的經濟特別是就業，同時追求收入分配公平化。聯儲局政策也強調會維持零利率至少到 2022 年。同時，美國國會還準備了 3.5 萬億美元的基礎設施支出方案，投資在新能源，以及教育和創新等基礎設施方面。歐洲和日本，也正在醞釀類似的經濟刺激方案。

這樣天量貨幣投放和財政刺激會帶來持續的高通脹嗎？過去 30 年通脹回落的 3 個主要因素：1）全球化特別是中國入世，全球貿易繁榮降低了成本。現在貿易保護主義崛起，企業界要重組供應鏈，必定推高成本。2）科技進步是主要的一股通縮力量。數碼化、人工智能、遠程工作等等都降低了成本，提高了效率，但各國都在大力加強對科技公司的監管。3）過去 30 年勞動力在收入分配中相對地位下降，資本的所得分配最大。隨着人口老化，勞動力大軍收縮，而稅收、最低工資都在上升，工會力量也在崛起等。這些都是未來通脹走勢的不確定因素。

▋▋ 放眼科技股新興市高息債

所以，2021 年的投資主線應該在保守的投資大布局中尋找投資機會。我們仍然謹慎看好全球的股市，在全球的企業盈利增速不斷復甦的情況下，股票應該繼續保持一定的配置。在股票方面，特別是持續保持高速增長的科技行業和可持續投資，通脹受益等投資主題都值得關注。中國的股票，在政府加強監管下，乏善可陳；只能選擇科技、消費、環保、醫療及保險等行業的一些優質股待機而行。

我們繼續保持一定的債券和增加另類資產的配置。金融市場永遠充滿了

不可測性，建議應該保持一定債券的配置，但在通脹高企和利率相對穩定的大環境下，我們會選擇收益率高、期限長的債券，包括新興市場的高息美元債券。

如果全球通脹繼續走高，市場會繼續擔心高利率會將經濟拖入衰退，屆時政府債券則為債券中的首選。另外，還建議相對增加對另類投資如私募股權、上市的商業地產和大宗商品的配置。

本文原刊於 2021 年 7 月 27 日
香港《信報財經新聞》

1.6 人幣升值由量變向質變 加速國際化

黃少明

香港中國金融協會副主席
廣東外語外貿大學兼職教授
香港國際金融學會執行副會長

受新冠疫情及由此產生的內外部因素衝擊，2020 年 5 月底，人民幣兌美元滙價一度創 12 年新低。隨着抗擊疫情取得決定性勝利，中國經濟率先擺脱全球衰退浪潮，人民幣一舉扭轉此前貶值趨勢。以 2020 年 5 月 27 日最低點 7.1765 至近期高點 6.4099 計算，人民幣升值幅度高達 10.68%。

自 2020 年 6 月開始的升值行情既持久又快速，至 2021 年 6 月已持續 12 個月，遠超 2018 年 11 月至 2019 年 3 月和 2019 年 9 月至 2020 年 1 月兩次升值的時間跨度；而逾 10% 的升值，更是數倍於前兩輪升幅。此外，這輪升值還出現兩個新現象：不僅人民幣兌美元升幅超過美滙指數跌幅，而且人民幣兌歐羅、日圓、英鎊等也呈現上升趨勢。凡此種種都表明，當下人民幣升值與此前有所不同，正從量變到質變轉化。

▦ 中國抗疫成功 復甦領先全球

此輪升值表現為質變，原因在於引發此輪升值的各種成因和觸發升值的時點。首先，面對突如其來的新冠疫情，中國政府勇於採

取斷然措施，為抗擊疫情取得戰略性勝利贏得了時間；復工復產有序推進，社會秩序良好穩定，中國率先走出疫情，成為全球唯一取得正增長的主要經濟體。

　　其次，由於歐美當局消極抗疫、無所作為，經濟倍受打擊。而為緩解疫情衝擊，他們啟動寬鬆貨幣政策，特別是聯儲局實施無限制貨幣擴張，導致美元貶值。美國政府防控不力，外加過度濫發貨幣，嚴重弱化美元體系。

　　第三，受疫情衝擊，發達經濟體衰退，停工停產，生產體系幾乎崩潰。而所需醫療用品和設備、各種生活資料和其他物質，主要依賴進口。中國率先擺脫衰退，是唯一增長的主要經濟體，並以超常的製造能力為全球供應急需物資，在全球產業鏈、供應鏈中的地位愈加鞏固。

　　第四，面對美國在經濟、貿易和科技的瘋狂打壓，中國政府調整經濟結構，實行「雙循環」戰略。擴大內部循環，降低對外依賴，出口佔 GDP 比重壓縮至 16%。而且針對歐美巨量印鈔放水，通脹復燃，大宗商品漲價，中國貨幣管理當局果斷放棄滙率政策目標，主動升值。

　　在中國成為全球唯一增長主要經濟體、美元因無節制印鈔自我弱化、中國在國際產業鏈地位更加鞏固，以及「雙循環」戰略環境下，此輪升值與以往滙率上升已不可同日而語。升值已非是對美元下跌的被動反映，而是在新國際經濟格局下的一次積極求變，以反映人民幣在國際貨幣體系的地位變

化，因而具有質變性質。

按傳統理論，當貨幣升值時，出口通常會受到影響。首先，升值使需要收取外幣的機構，如出口商、駐外機構等處於相對不利地位。其次，出口商品和勞務價格上漲，競爭力下降，削弱外部需求。

▦ 無阻出口勢頭 企業受惠

然而，此輪升值並未產生上述情況，內地出口訂單及收入均在不斷升值環境下持續增長，勢頭強勁。數據顯示，2021 年第一季出口按年增長高逾四成。之所以如此，主要是國外大多數企業和產能因疫情而停產或收縮，導致對中國產品需求強勁。

而在許多產品上，中國是主要供應商，甚至是唯一供應商，不僅需求殷切，更有加價能力。中國率先對疫情取得良好管控，造就了進出口貿易雙雙強勁增長的局面。

除上述可能的影響外，升值其實可以帶來更多的積極效應。第一，升值最明顯的變化，就是錢「更值錢」了。對居民而言，升值有利於出國旅遊、購物、留學，減少消費成本，增加消費者福利。而國際投資者看好人民幣資產，國際資金持續淨流入，也有助於境內居民持有的人民幣資產，產生持續穩定的收益。

第二，升值最直接的受益者是需要向境外支付人民幣的進口商。升值意

味着進口商購買力增強，降低進口成本，提升盈利能力。

我國是大宗商品主要進口國，如果大宗商品價格上漲，不僅抬高整個基礎生產資料價格，而且吞噬中下游企業的利潤。升值可減輕進口大宗商品的負擔，降低內地企業成本，增強競爭力。

第三，中國正推動金融市場開放，升值有利於穩定市場情緒、提振信心。此輪升值提高了企業和居民結滙意願，有利於穩定外儲規模。另外，此次升值表明，人民幣滙率彈性增強，將繼續發揮作為調節經濟和國際收支「自動穩定器」的作用。

第四，在實行「雙循環」戰略之下，升值有利於鼓勵消費，擴大內循環；推動供給側改革，促進產業結構調整；提高企業技術水平，改善我國在國際分工中的地位。

這輪升值提高了國際市場對人民幣的關注，國際資金購買中國國債數額顯著上升，各國央行增加人民幣儲備的意願增強，國際上愈來愈多銀行金融機構加入中國跨境支付系統。這些都有利於人民幣國際化。

此輪升值行情是新冠危機造就的一個機遇，中國率先擺脫危機，在世界「產業鏈」的地位更加穩固；而歐美深陷危機，超發引起流動性泛濫，美元迅速弱化。內有基本面支撐，外有美元滙率貶值，人民幣升值底氣十足。預計這種局面短期內不會消失，人民幣升值趨勢仍將延續。

　　但疫情終將過去，歐美經濟也遲早復甦。對中國而言，在「雙循環」戰略下，加速人民幣國際化甚為關鍵。

▚ 把握窗口期　鬥爭立不敗之地

　　抓住疫情危機提供的「窗口期」，善用當下升值周期，增加人民幣在海外的持有、使用、交易和結算，加快人民幣國際化，中國方能在未來更加激烈的政治、經濟、貿易、科技和金融鬥爭中立於不敗之地。

本文原刊於 2021 年 6 月 29 日

香港《信報財經新聞》

> 對中國而言,在「雙循環」戰略下,加速人民幣國際化甚為關鍵。

供應鏈金融
可助中小企渡難關

林治洪

香港中國金融協會副主席
薔薇控股董事長

　　新冠肺炎疫情爆發為實體經濟帶來很大衝擊，尤其是中小微企業，由於疫情原因無法開工、訂單減少，但仍需負擔各類營運費用、保障員工生活。此時，擁有較為充沛的現金儲備，成為順利渡過危機的關鍵。解決中小微企業融資難、融資貴問題，歷來是各國政府的重大關切，也正因如此，供應鏈金融一直備受關注。大量實踐表明，供應鏈金融可顯著提升企業融資水準及資金利用效率、緩解資金壓力、促進企業經營效益提升。

▓▓ 受惠技術進步　踏入4.0時代

　　全球疫情態勢仍不樂觀，在經濟全球化的背景下，中國經濟發展恐將持續承受較大壓力，未來還將面臨漫長的「後疫情時代」，發展供應鏈金融對於「後疫情時代」維持中小微企業的可持續發展與經營，有着重要意義。

　　供應鏈金融發展至今，得益於技術進步，已邁入 4.0 時代。1.0時代是商業銀行主導的傳統供應鏈金融，以核心企業信用為支撐，業務線下進行；發展到 2.0，線下業務逐漸線上化；3.0 時代，核心

企業成為主導，開始搭建自己的供應鏈金融平台，服務鏈屬企業並進行自身供應鏈管理；到了現在，隨着大數據、區塊鏈、人工智慧等先進資訊技術的發展，國家數據基礎設施的逐步完善，以及企業經營數位化程度不斷加深，供應鏈金融進入弱化核心企業，甚至是去核心企業的智慧 4.0 時代，主導方也從傳統的銀行、核心企業，變成協力廠商金融科技公司、B2B 交易平台、物流公司等多方參與。

供應鏈金融 4.0 依託於數字經濟而產生，有兩個核心特點：首先，新型供應鏈金融智慧化程度更高，充分應用人工智慧、區塊鏈、雲計算、大數據等新資訊技術；第二，供應鏈金融 4.0 弱化核心企業，每一個需要被服務的企業成為「中心企業」，改變了以往按照「N+1+N」開展供應鏈金融業務的模式，是一種新的「N+1+N」供應鏈金融模式。以上兩個特點，使得供應鏈金融更多關注企業是否處於一個健康的供應鏈生態中，而不是只重點關注其是否有核心企業信用背書。因此，上述業務模式不用擔心核心企業出現問題導致風險，為拓展業務創造更多可能，這也是其能夠更好解決小微企業融資困境的關鍵。

:: 建去中心化全域信任機制

目前，隨着科技金融的蓬勃發展，國內已經出現較為成熟的供應鏈金融 4.0 的實踐模式，其服務真正的小微企業客戶，業務邏輯、獲客方式、風控模式等，都跟傳統的供應鏈金融不同，是一種純數位化的智慧供應鏈金融。傳統的供應鏈金融講究流程閉環；而供應鏈金融 4.0 模式更加注重數據閉環，通過建立數位化供金風控體系、使用決策引擎等技術，從企業主個人、企業

自身、企業間交易等多個維度還原企業所處生態，為風險決策提供支撐。供應鏈金融 4.0 注重的是企業自身信用積累，而傳統供應鏈金融嚴重依賴核心企業信用。例如薔薇大樹科技的大樹普惠業務平台，不圍繞核心企業進行獲客，而是直接對接相關 SaaS 型企業服務平台、B2B 交易平台、自營化工電煤平台、央企集採平台等，通過場景和數據獲客，這也讓金融能夠真正觸達各個行業的中小微企業，幫助企業對接優質的金融服務。

供應鏈金融 4.0 所構建的是一種網狀生態，所建立的是一種去中心化的全域信任機制，是一種數位化、智慧化的業務模式，其對企業數位化的程度要求相對較高。未來供應鏈金融必將會有更加廣闊的應用場景，服務更多中小微企業。此外，中國供應鏈金融的未來，除了成為解決中小微企業融資困境的重要戰略路徑，還應該更多着力思考和實踐，如何在幫助廣大中小微企業獲取資金的同時，從優化整個供應鏈網絡的角度建設良好的生態。

本文原刊於 2020 年 7 月 21 日
香港《信報財經新聞》

供應鏈金融發展至今，得益於技術進步，已邁入 4.0 時代。

1.8 金融再開放下的不良資產市場發展

梁森林　香港中國金融協會副主席、中國信達（香港）控股有限公司董事長

黃強　信達香港副總經理

2018 年 4 月，國家主席習近平在博鰲論壇上闡述了中國開啟新一輪對外開放，金融業再次開放。2019 年 7 月，國務院宣布了 11 條金融業對外開放措施。2019 年 12 月，中國金融監管機構提出，要實現金融業更高水平對外開放，引進外資機構進入境內不良資產市場。2020 年 1 月 15 日，中美簽訂經貿協定，專門提到了金融資產管理（不良債務）服務，雙方相互開放不良債務服務部門。

1999 年為適應國有企業解困、國有銀行剝離不良貸款的需要，中國內地成立了金融資產管理公司（AMC），在 20 年發展過程中，AMC 發揮了「金融消防隊」專業功能，降低了金融風險，盤活了資產存量。2019 年中國監管機構發布指導意見，把不良資產市場提到與信貸市場、保險市場、信託市場和金融租賃市場同等位置，將進一步健全完善不良資產市場。

內地不良資產市場誕生和發展的過程，也是中國加入 WTO 經濟對外全面開放的過程。相對其他經濟領域，不良資產領域客觀上

對外開放不夠，分析原因，一是不良資產業務沒有作為當年入世談判關注點和對外開放重點；二是不良資產業務在內地作為金融行業，需要持牌經營；三是不良資產業務法律配套政策還需要完善。雖然外資參與度不高，但是外資一直沒有放棄內地不良資產市場，尤其是 2008 年金融危機以後，通過各種方式參與內地不良資產業務。同時，隨着中國大量企業「走出去」，出現不少與境外有關的不良資產，AMC 以香港為「橋頭堡」開始參與跨境不良資產收購處置。

不良資產市場雙向開放，將進一步啟動不良資產市場，在「引進來」、「走出去」形勢下，AMC 應當如何發展？

首先要堅守與拓展不良資產主業。市場經濟始終存在資源錯配形成不良資產業務的機會，目前內地不良資產市場具有相當大的規模，隨着不良資產業務範疇從銀行不良貸款拓展到金融類不良資產，再拓展到實體類不良資產，特別是在金融雙向開放後，不良資產市場將進一步擴大，大量問題機構和問題資產的出現，市場空間將進一步增大，AMC 要堅守不良資產主業市場。

其次要知己知彼揚長避短。AMC 在業務規模、客戶群體、資源獲取和員工隊伍方面具有較強優勢，但存在處置手段較單一、靈活性不夠，激勵約束機制不足、人才流失不足等問題。反觀境外不良資產經營機構，其發展歷程長，經歷了經濟周期不同階段和重大金融危機考驗，產業及人才資源豐富、激勵充分，但面臨境內不良資產資源獲取管道和能力不夠、處置退出不

暢通等問題。AMC 要揚長避短發揮比較優勢，進一步增強競爭能力。

再者要回應市場加快業務轉型。AMC 要根據市場的需要，從簡單處置方式轉向投行化運作，綜合運用「財務顧問＋過橋融資」、「產業龍頭併購＋金融服務」、「收購＋重組」、「股＋債」、「存量收購＋增量投資」、「重建與再生」等金融工具，形成「不良資產＋投資銀行」業務模式，在創造價值中分享價值。

██ 完善機制鍛煉人才

第四要學會合作共贏成長。在對外開放過程中，不少金融機構積極調整應對策略，競爭力顯著提升。應對金融再開放，AMC 要積極參與競爭，完善內部機制，鍛煉人才隊伍；圍繞中資機構境外的不良資產業務需求，積極穩妥「走出去」，見世面練本事促成長；學習借鑑國際先進不良資產處置機構的經驗做法，加快市場化改革和內部優化調整，完善激勵約束機制，吸引和啟動人才。

最後要充分發揮香港特殊優勢。在內地對外開放過程中，香港扮演了獨特的角色，尤其是回歸以來，香港發揮「一國兩制」優勢，利用國際金融中心地位，有力推動了內地金融業開放和發展。在金融再開放形勢下，要進一步發揮香港獨特優勢，引入國際先進不良資產經營經驗和技術，穩妥走向國際不良資產市場。

隨着中國金融再開放，不良資產市場將進一步完善，化解金融風險和支

援實體經濟的功能將更加顯現，AMC 將進一步成長壯大，實現更高質量可持續發展。

本文原刊於 2020 年 3 月 3 日

香港《信報財經新聞》

中國邁向高收入國家
優勢和挑戰

陸挺　香港中國金融協會副主席
　　　野村證券中國首席經濟學家

2019 年第三季度中國經濟增速下行到 6%，又恰逢臨近 2020 年，所以最近很多人都在關心兩個相關聯的問題。一是到 2030 年中國 GDP 總量是否能超越美國；二是中國能否跨過中等收入陷阱而成為一個高收入國家。

根據 2019 年前 11 個月的數據，預計全年美國和中國的 GDP 分別約為 21.4 萬億和 14.1 萬億美元。

我們現在離 2030 年末還有 11 年 ，這 11 年中，如果美國維持平均 2% 實際增長，中國維持 6% 實際增長，人民幣兌美元滙率的波動恰好抵消兩國間通脹差距，那麼到 2030 年，美國和中國的 GDP 將分別為 26.6 萬億和 26.8 萬億美元，即中國經濟剛剛好超過美國。

依照目前的情況看來，美國未來十年的潛在經濟增速約在 2%，所以美國經濟大概率能夠保持年平均增長 2% 的速度。但中國經濟過去十年的 GDP 增速已經從超過 10% 掉到 6%，雖說有周期因素，

但絕大部分增速的下降是由潛在增速下行所引起的。由於中國勞動力人口還在下降，資本回報率還在下行，增長動能尚未真正切換，過去十年由於債務高速擴張導致的風險還在累積，未來十年保持平均 6% 的實際 GDP 增速不太現實。因此中國經濟總量要在 2030 年就超越美國的難度不小。

但假以時日，以內地龐大人口規模和其經濟的韌性，中國經濟規模在 2030 至 2040 年間超越美國是大概率事件。但即使這樣也不宜過分樂觀，給定兩國未來十年的人口增速，即使只 2030 年兩國經濟總量相似，中國人均 GDP 也只有美國的四分之一，中國要成為嚴格意義上的高收入國家還有一段距離。

從人文和地理的角度來講，中國作為一個東亞國家未來有較大的可能性成為高收入國家，包括中國在內的東亞人民非常勤奮，儲蓄率高，注重教育，這些優勢在過去幾十年有助於中國高速增長，在未來也還是中國維持較高經濟增速的基礎。

內地經濟發展的第二個優勢就是大國優勢，人口眾多，幅員廣大，基礎設施優良，40 年的改革開放形成了一個巨大的統一市場。基建投資有相當高的外部性和網絡性，製造業投資有很大的規模效應。中國的第二個優勢就是中國不僅政治穩定，政府的政策制定還能根據實際情況做出比較靈活的調整，有較高的糾錯能力。

在看到中國優勢的同時，我們必須認識到未來中國經濟增長面臨的瓶頸和挑戰。首先是人口和勞動力，未來十年中國老齡化加速，年輕人口持續下降，人口問題將成為中國晉身高收入國家的重要障礙。

制度改革推進創新

第二個挑戰是在創新方面。除了一批能源極為豐富的國家外，一個國家要維持中高增長速度最終成為高收入國家，最後必須依靠創新來驅動增長。但創新需要一個體制上更有活力和法治更為健全的環境。創新需要更多的民營企業、需要更有活力的國營企業，需要更有包容性的經濟體制。如何通過制度改革來推進創新驅動是未來十年的一個重要挑戰。

第三個挑戰是在區域和城鄉平衡方面。過去幾年中國不少三四線城市經過一輪房地產的超級繁榮後，地方政府及其平台債台高築，若未來十年房價下跌，土地出讓劇減，地方財政難以為繼，當地中小銀行壞賬率必然高企，由此會帶來較高的系統性金融風險，這在經濟相對較為落後的北方尤其如此。

國際關係重要關鍵

但政府若不痛下決心來解決問題而依靠新一輪貨幣財政刺激來維持這些地方的基建和地產投資水準，金融風險則會進一步累積，甚至會導致一定的社會風險。

中國經濟維持中高速增長的另外一個重要挑戰是在國際關係方面。中國作為一個大國,有獨特優勢,但面臨的挑戰要比崛起的小國要大很多。過去兩年,在中美貿易衝突升級的背景下,已經有不少人提到了「修昔底德陷阱」。中國在未來不僅要邁過中等收入陷阱,還要邁過「修昔底德陷阱」。中國如何在崛起過程中應對國際關係方面的挑戰,和別的大國處理好關係,避免劇烈的衝突,是未來十年中國能否在穩定的國際環境下維持中高速增長的關鍵。

本文原刊於 2019 年 12 月 31 日
香港《信報財經新聞》

優化期交所規則
釋放潛力

明小沖

香港中國金融協會理事
香港中資期貨業協會會長
朗潤金融集團有限公司行政總裁

　　香港期貨市場在過去 15 年發展迅猛。據港交所數據，香港期貨交易所（期交所或 HKFE）期貨及期權總成交從 2007 年的 8800 萬手增長至 2022 年的 3.2 億手，持倉量急飆了近兩倍，達 1600 萬手。儘管如此，亞洲區的新加坡在衍生品發展方面有後來居上的趨勢，特別是在 A50 及人民幣期貨發展上。目前，期交所以微弱優勢領先於新加坡的衍生品交易所（包括 SGX、ICESG、APEX 等），排名亞洲區第九位。

▪▪ 業界普遍關注七大要點

　　香港要在未來的衍生品市場發展競爭中取得優勢，除了政府及監管部門的重視扶持和業界的努力以外，期交所尤其需要盡快檢討和修訂現有業務規則，使規則有利於行業發展，更具有效率和靈活性，以釋放香港期貨行業長期發展潛力。以下就幾個業界普遍關注和反應強烈的規則修訂作出簡要分析。篇幅所限，本文並不能窮盡所有需要優化的規則，僅拋磚引玉，供行業持份者參考。

1. 延長交易時間

　　就期貨交易而言，交易時間愈連續，價格上下跳空的機率愈小，

市場愈有效率，愈能吸引投資者入場交易。香港人民幣期貨交易時間目前為 8 時 30 分至 18 時 30 分（T 時段）及 19 時至 3 時（T+1 時段）；SGX 人民幣期貨交易時間為 7 時 10 分至 18 時（T 時段）及 18 時 05 分至 5 時 15 分（T+1 時段）。SGX 人民幣全日累計交易 22 小時（T 和 T+1 之間休息 5 分鐘）。HKFE 人民幣期貨全日交易 18 個小時，而 CME 的外滙期貨實現了 23 小時交易。人民幣期貨應該加快實行全日 22 或者 23 小時交易。

指數類產品有同樣的問題，恒指等指數產品中午有 1 小時休市時間，客觀上造成了一定的市場風險。建議盡快實現 T 時段連續交易，取消 12 時至 13 時的休市時間，並延長 T+1 時段到凌晨 5 時，早上提早到 7 時電子盤開市。恒指作為香港旗艦產品，宜落實長時間連續交易，方便國際投資者進出市場。

至於 A50 期貨方面，T 時段香港和新加坡時間類似。T+1 時段，SGX 為 17 時至 5 時 15，HKFE 為 17 時 15 分至 3 時，香港比新加坡少交易 2.5 小時。不要小看這 2.5 小時，當投資者需要交易或者避險的時候，市場處於關閉狀態，資金自然就去交易時間更長交易所。

2. 取消或放寬持倉限額

期交所《期貨結算所規則及程式》第五章，以資本額釐定的持倉限額（CBPL）規定，對於結算參與者，其頭寸限額如下：毛額限額為速動資金或經調整資金的 6 倍，淨額限額為速動資金或經調整資金的 3 倍。《財政資源規則》（571N 章）規定，公司持有客戶資產的槓桿（經調整負債 / 速動資

金）為 20 倍。而期交所的規定只有 6 倍（毛額）和 3 倍（淨額），這大大的限制了期交所會員的資金使用效率和業務發展。由於該頭寸限制與 571N 章中所表述的基本數額定義相違背，建議完全廢除 CBPL 制度或者放寬毛額限額為速動資金或經調整資金的 18 倍，淨額限額為速動資金或經調整資金的 9 倍。

現有規則給予交易所參與者的頭寸限額實在太小，為了防止觸碰紅線，期貨商（FCM）要麼把本公司席位的頭寸轉給其他清算商，要麼索性交牌不做參與者。因為不做參與者，反倒沒有 CBPL 的限制。這就形成了一個悖論，期交所參與者本來是要利用參與者的地位獲取更多資源和有利於展業，結果因為期交所規則，導致業務需要收縮。這樣的規則建議予以廢除或者優化。

3. 取消資金單獨標示

《操守準則》附表 4 第 7 條規定，每名期交所參與者應維持至少兩個獨立銀行賬戶，一個指明為「期交所交易」，另一個指明「非期交所交易」，並應促致由持牌人或註冊人，就期交所交易及非期交所交易，收取及支付的客戶款項都經常獨立存放及分開記賬。我們知道，期交所託管的資金都在香港，非常安全。而當前 FCM 交易的大部分資金在海外，卻不需要單獨標記，這種差別對待應當取消。

實際上，FCM 目前交易的衍生品市場十分廣泛，只有期交所的資金需要單獨標示，造成運作上的無謂重複工作。不僅要在銀行多開一套賬戶，而且在櫃枱及賬單單獨列出期交所產品。比如港元還需要區分為期交所港元和

非期交所港元，美元、人民幣等也要區分為期交所和非期交所幣種。這樣的區分不僅沒有實際意義，客戶也常常迷惑於這種貨幣標示方式。我們認為，在期交所認可的結算銀行賬戶內的款項即為 CCMS 系統可以進行扣款的資金，完全不需要再另外做標記。

4. 維持有競爭力保證金水平

相同或同類產品，期交所保證金大多數時候高於其他交易所的保證金水平。以 2022 年 12 月 20 日的保證金水平為例，HKFE 的人民幣期貨保證金比 SGX 高 17.7%，恒指期貨保證金比例是 10.96%，美國三大股指的保證金比例在 5% 至 7.8% 之間。保證金比例過高，客戶的資金使用效率就降低，會減低投資者參與產品投資的興趣。

5. 升級系統豐富交易指令

期交所目前僅支持限價單，不支持市價單及止損單等其他常見指令類型，不利於滿足客戶多樣化的交易需求。建議期交所升級系統，盡快上線市場常見的指令類型。同時，期交所下單頻率限制較低，單線程每秒下單限制在 10 筆，遠遠不能適應客戶當前的高頻下單要求，建議檢討提高到每秒 50 筆。

6. 應予會員現金激勵

期交所對會員的激勵計劃，基本沒有現金鼓勵方式。而且較多時候，A 產品激勵回贈的金額，需要通過在 B 產品上的交易佣金進行抵扣，這叫搭配激勵政策，既不夠直接，又不一定是客戶需要的。建議借鑑其他交易所做法，

允許對會員進行直接的現金獎勵，包括對成交和持倉體量較大的客戶進行激勵方案定制。同時，計劃的時間期限盡量以年度為單位，保持其穩定性和連續性。

7. 取消人手操作平倉指令

期交所會員使用綜合賬戶進入市場交易，除非為單個客戶申請 ICA（獨立客戶賬戶）賬戶，否則客戶的平倉交易需要每日人手進行平倉，這個操作效率太低。建議期交所推行客戶身份識別機制，為每個客戶賦予身份編碼，同一編碼下，持倉自動對沖，不需要人手操作平倉，提高自動化程度，減少操作風險。

本文原刊於 2022 年 12 月 28 日

香港《信報財經新聞》

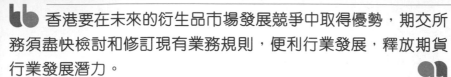

> 香港要在未來的衍生品市場發展競爭中取得優勢，期交所務須盡快檢討和修訂現有業務規則，便利行業發展，釋放期貨行業發展潛力。

當綠色承諾遇到
經濟結構逆轉

常健
香港中國金融協會理事
巴克萊首席中國經濟學家

2021 年的限電政策最早在 5 月出現，9 月底蔓延至全國 20 個省份。受影響省份的製造業產值約佔全國的 75%，而製造業貢獻了中國約 40% 的國內生產總值（GDP）。我們認為限電措施受到多種供需失衡因素影響，包括疫後電力需求激增、能源管控目標進度滯後，以及煤炭短缺、燃料價格飆升、可再生能源供應不穩等造成的發電量不足。

∷ 能耗雙控疫情下難達標

在「十三五」（2016 至 2020 年）規劃中，政府出台了能耗雙控政策，要求各省份在達到能源消費總量年度量化目標的同時，降低能耗強度（單位 GDP 能耗）。受疫情影響，2020 年單位 GDP 能耗僅降低 13.2%，未能達成原定 15% 的目標。

由於進度滯後，2021 年 5 月國家發改委督促第一季度不達標的 7 個省份加強能效控制，並於 9 月中旬發布了「雙控」政策的完善方案，同時要求地方官員對目標完成情況負責，這也被認為是引發大規模突發限電的原因之一。

　　事實上，自 2017 年實施「雙控」目標以來，各省份達成「雙控」目標並不困難，這主要歸功於中國經濟增長模式的轉變，即從投資、出口拉動的製造業導向型，轉向消費服務業導向型，特別是低能耗服務業的穩步擴張有助於能耗強度的持續下降。

　　然而，這種趨勢在 2020 年新冠疫情期間出現逆轉。一方面，出口的大幅增加，帶動了更為活躍的能源密集型產業活動；另一方面，政府對於疫情的零容忍態度延緩了服務業的復甦。在經歷長達 10 年的高速增長後，服務業對中國 GDP 增長的貢獻比例在 2020 年首次出現下降。

　　2021 年前 8 個月的統計數據顯示，燃煤發電佔全國發電總量約 62%，其次是水力發電（14%）、天然氣或原油發電（10%）、風力發電（7%）、核能（5%），以及太陽能（2%）。我們認為，電力短缺主要由 3 種因素造成。

　　第一，煤礦關閉和煤炭進口禁令導致了煤炭短缺。電力需求激增之際，1 至 8 月份煤炭產量按年同期僅增長約 4%，在脫碳政策下，愈來愈多的國內煤礦被關閉。根據中國煤炭工業協會的數據，截至 2020 年底，「十三五」期間全國累計停運 5500 處煤礦。同時，政府加大對澳洲進口煤炭質量的審核力度，也加劇了國內煤炭供應短缺的情況，而澳洲煤炭曾佔進口煤炭總量的 39%。

　　第二，煤價飆升及電價限制導致發電企業通過減產以減少虧損。過去一年，煤炭嚴重短缺，推動其價格上升約 100%，達至歷史新高。同時，政府為了保障民眾利益，設置了電力價格上限，導致多省份的發電企業處於虧損

狀態。這種失衡在 9 月達到一個臨界點,多家發電廠選擇停產或大幅減產。

　　第三,可再生或清潔能源發電不穩定。除了煤炭,其他發電方式也遇到了供應瓶頸。自 2021 年 7 月以來,由於四川、雲南等主要水力發電省份的降雨量低於往常,水力發電出現異常下降。數據顯示,水力發電在中國總能源結構中的比例,從去年的 17% 降至今年的 14%,另外,風力發電也表現不佳,在 5 月份達到 126 億千瓦時(kWh)的峰值後,在 8 月份回落至 68 億千瓦時。

　　事實上,能源短缺不是中國獨有的問題,歐盟也面臨類似挑戰。近幾年中國和歐盟都在努力調整能源消費結構,減少使用煤炭。2021 年歐洲碳價上漲了約 80%,造成歐洲電價飆升。其次,由於歐洲春季異常寒冷,對供暖需求持續更久。數據顯示,4 月歐洲的天然氣需求較 2019 年高出近 20%。

▋▋ 政府面臨兩難抉擇

　　兩者不同之處在於,歐洲面臨的更多是外部衝擊,而中國目前的情況則部分來自於政策的要求。歐洲天然氣產量多年來已經持續下降,2020 年夏季由於管道和生產設施維護,歐洲從俄羅斯進口的天然氣進一步受到限制。2021 年第一季度,歐洲液化天然氣(LNG)進口量按年下降 25%,第二季度再跌 6%。與此同時,亞洲對天然氣的需求急升,也搶佔了部分歐洲天然氣的供應。

　　中國 2021 年上半年能耗強度下降了 1.4%,但我們認為全年要實現能

耗雙控目標不容易。前 8 個月內，電力需求按年增長 14%，高於過去 3 年平均值的 6%，這也許是促使發改委急於在 8 月和 9 月加強限電的原因。同時，我們注意到國家能源局在 4 月宣布，能源生產總量預計達到約 42 億噸標準煤，高於 2020 年的 40.8 億噸，這意味着中國在 2021 年的能源產量目標將增長 2.9%。假設能源消費的增速類似，我們估計 2021 年中國的 GDP 若要實現 8% 增長，需要將能耗強度降低約 5%，高於政府 3% 的目標；或是將進口標準煤總量從 2020 年的 9 億噸增加至 12 億噸。

政府面臨兩難抉擇，即維持其「雙控」目標但造成經濟進一步放緩，還是以更靈活的方式增加國內煤炭產量，以滿足電力需求並放寬「雙控」目標，藉此將經濟增速維持在一定水平。如若選擇前者，2021 年中國 GDP 增長或會降至 6%，兩年的平均增長率則會降至 4%；由於經濟增長已在放緩，冬季又可能比往常更冷，我們認為政府或會採取第二種方案。

▓ 限電或持續至2022年首季

中國北方地區於 11 月入冬，而拉尼娜現象更可能使冬天異常寒冷，供暖需求或會因此大幅增加。若中國不大幅提高國內煤炭產量、增加進口煤炭供應，為保障民生用電，當局有可能會對高耗能行業實行更嚴格的限電政策，並持續到 2022 年第一季度。

此外，中國在 2022 年 2 月份舉行北京冬季奧運會。為了確保冬奧會期間的空氣質量達到世衞組織的標準，我們認為一些重污染行業，尤其是在河北省周邊地區的企業，有可能會持續實行限電或強制停工。

　　過去數年，地方政府一直以通過提高服務業佔 GDP 的比重來實現「雙控」目標，但「十四五」規劃要求保持製造業比重基本穩定，這意味着靠提高服務業佔比來降低能耗的方式已不再適用。鑑於製造業需求持續高企，在技術創新突飛猛進難度較大的假設下，限電政策有可能會維持一段相當長的時間。

本文原刊於 2021 年 11 月 16 日
香港《信報財經新聞》

> 可再生或清潔能源發電不穩定。除了煤炭，其他發電方式也遇到了供應瓶頸。

1.12 誰在背後推動 港股走熊？

孟羽

香港中國金融協會副主席
交通銀行（香港）有限公司行政總裁

恒指自 2021 年 2 月 18 日盤中創下一年半來的「抗疫行情」新高 31183 點之後，開啟了長達近 8 個月的跌跌不休走勢。人們不禁要問，推動港股走熊的背後力量，即政策與市場風險的「宿主」是誰？是不期而至的某隻黑天鵝，還是視而不見的一群灰犀牛呢？

2020 年 1 月下旬，全球資本市場受新冠病毒（COVID-19）「感染」，進入了持續至今的「新冠行情」時期。全球主要股票市場在此期間跌宕起伏，先是早段普遍大幅下滑，發生嚴重股災；隨後在美國聯儲局帶頭的各央行「放水賑災」政策刺激下實現 V 形反彈，走出了波瀾壯闊的大牛市行情。

然而，與全球主要股票市場走勢相比，港股卻顯得特立獨行，雖然期間也出現過一波反彈行情，但整體而言，其長時間的躑躅反覆和近半年多來的大幅下行，均反映港股仍深陷熊市泥潭而不能自拔。自「驚嚇行情」中最低的 21139 點（2020 年 3 月 19 日）至今，期間恒指最大漲幅為 47.51%，而至 10 月 12 日收報 24962 點計，只有 18%。對比同期全球其他股票市場行情：美國納斯特指

數期間最高升幅（自股災最低點起計）達 132%，截至 10 月 12 日計亦飆 110.85%；標普 500 指數緊隨其後。再看中國內地市場，同期上證指數最多曾漲 40.96%，截至 10 月 12 日計上揚 31.26%；深圳創業板指數這兩個數據更分別達 96.51% 和 65.61%。其他經濟體同期大部分股票市場走勢也大同小異，漲幅介於中美市場之間。唯獨港股，其「舞姿」顯得特別的孤獨和憂鬱。

▓▓ 蒙受冤屈的黑天鵝

　　市場人士對推動港股走勢的背後力量看法莫衷一是。撇開新冠疫情這一全球共同遭遇的問題，近年來對香港衝擊最大的社會政治事件莫過於反修例風波，但這隻「黑天鵝」對同期港股的影響十分有限，從 2019 年 6 月中旬反修例風波爆發至 2020 年 1 月中旬「新冠行情」啟動前，恒指基本追隨了上證指數的走勢，呈現寬幅震盪曲線，起點與終點的指數值相差無幾（29000 點左右）。

　　從美國影響方面看，受聯儲局史無前例的貨幣大放水影響，香港市場資金面十分充裕，即使在這樣寬鬆的貨幣環境中，港股仍沒能走出熊市陰影，人們因而把尋找港股黑天鵝的視線轉移到中國因素方面。

　　最近這半年多是港股與 A 股走勢分化的分水嶺。期間市場確實發生了不少重要事件：一是先後不斷有中資企業出現債務風險預警或暴露，主要是房地產企業，導致近期離岸美元債市場暴跌；二是內地監管當局對某些互聯網巨頭採取的強監管措施；三是內地先後出台了一批強監管的行業和調控政

策，主要涉及房地產調控、反壟斷、數據安全、教育培訓等領域；四是海外市場對中國提倡的共同富裕社會及防止資本無序擴張的監管政策存在錯誤認知和解讀。

上述事件和政策對港股走勢產生了不同程度的影響，但把它們列為黑天鵝事件，未免過於牽強。從港股自身的邏輯看，上述事件和政策的發生雖然具有突發性，然而其背景、原因和邏輯具有明顯的向前可追溯性。比如地產公司的債務違約事件，以及 2020 年出台的「三條紅線」和金融機構地產貸款集中度控制等政策，在 2015 年國家首次提出「住房只住不炒」的原則導向與持續調控的政策主基調下，那些經營風格激進粗放的地產公司「爆雷」，是遲早發生的必然事件，其風險特徵是「灰犀牛」而不是黑天鵝。

▐▌ 做個堅定「鬥牛士」

此外，反壟斷、數據安全和以此為背景對互聯網平台公司強監管也非沒有先兆，螞蟻集團上市最後一刻被叫停、抖音在美被禁和美團外賣哥自焚等事件，所反映的互聯網平台公司非公平競爭現象和經營亂象、數據安全與數據主權等問題早被攤上桌面，只是市場人士對隨之而來的風暴缺乏警覺和準備。

至於把共同富裕和防止資本盲目擴張的政策解讀為打擊和限制民營經濟和市場經濟的觀點，就更為無稽和荒誕。共同富裕的經濟社會政策是中國改革開放總設計師鄧小平在上世紀八十年代提出來的，是中國特色社會主義制度的組成部分。防止資本盲目擴張是中國深化供給側改革的必然選擇，是防

止壟斷經營、保障公平競爭、保護中小企業創新發展和消費者利益的重要政策。

從風險防範的角度，灰犀牛風險比黑天鵝更值得留意，我們要做堅定的「鬥牛士」，加強警覺、識別和防範。當前面臨的灰犀牛風險主要有以下 6 個。

6大風險不容忽視

一是新冠疫情反覆可能造成全球經濟復甦一波三折。新冠病毒的快速變異，使主要依靠疫苗的抗疫措施面臨挑戰。

二是潛在的通脹與滯脹並行風險給全球經濟前景蒙上陰影。一方面，社會經濟秩序在疫情防控取得成效後逐步恢復，需求短時間內集中迸發，疊加超寬鬆貨幣效應的延續，CPI 和 PPI 短期內大幅上升的壓力增加，通脹風險顯而易見；另方面，短期內強勁反彈的需求勢頭不可持續，伴隨供應鏈的恢復與重構，全球將面臨產能過剩和供過於求的局面，經濟刺激政策失靈伴隨而來的滯脹風險不無可能。

三是貨幣政策回歸常態將給金融市場帶來震盪。聯儲局帶頭實施史無前例的量化寬鬆貨幣政策，最後必然回歸常態，什麼時候開始及以何種節奏和方式回歸，是懸在全球金融市場上的達摩克利斯之劍。聯想到美國資本市場牛市已持續超過 12 年之久，其最終以什麼方式掉頭，恐對全球金融市場帶來腥風血雨。

四是內地房地產行業進入存量博弈時代後，整體「瘦身運動」將繼續，預料仍會有公司在去槓桿的「陣痛」中倒下。

五是在共同富裕的政策導向、碳達峰和碳中和目標及深入推進的供給側改革等驅動下，行業和市場在裂變抑或涅槃中產生結構化機會的同時，也會帶來巨大的結構化風險。

六是地緣政治風險。中美圍繞貿易、科技、金融和軍事等領域的競爭與爭鬥，是當前及未來幾十年的常態，恐難以避免局部領域矛盾激化乃至發生衝突。

本文原刊於 2021 年 10 月 19 日
香港《信報財經新聞》

從風險防範的角度，灰犀牛風險比黑天鵝更值得留意，我們要做堅定的「鬥牛士」，加強警覺、識別和防範。

共同富裕反內捲
締造經濟新動能

姚
杰

香港中國金融協會理事
原北大香港校友會會長
深圳未艾教育科技創始人兼行政總裁

據最新統計，中國勞動力平均年齡已經達到 38.4 歲。第七次人口普查結果顯示，中國 16 至 59 歲的勞動年齡總人口為 8.8 億，與 2010 年「六人普」相比減少 4000 多萬人，60 歲以上老年人比例已達 18.7%。2020 年城鎮常住人口為 9 億，人口城鎮化率達到 63.9%。2020 年中國育齡婦女總和生育率為 1.3，達到聯合國報告中通稱的「極低生育率」。

:: 政策重製造輕服務

為了緩解人口加速下滑，「七人普」結果公布後的 20 天，中央政治局召開會議，宣布正式放開 3 胎，這距離 2015 年宣布放開二胎僅僅 6 年。

隨後，中央打出了一系列監管方面的密集組合拳，劍指教培、醫藥、電子煙、電商、傳媒、娛樂和遊戲等各大行業，令人眼花繚亂。波及的上市公司股價暴跌，資本市場風聲鶴唳。即便下半年各項宏觀經濟數據開始下降，房地產的嚴厲調控並沒有任何放鬆跡象，可見這次中央的決心。這一切背後的根本原因，就是人口老齡化之

下的反內捲和共同富裕。

內捲（involution）指的是非理性的內部競爭，或者可以通俗理解為「努力的通貨膨脹」。由於上一波技術革命尤其是移動互聯網的紅利已經結束，全球開始進入存量時代，每個人必須搶奪別人的機會才能活得更好。

面對內捲，有人選擇「躺平」，有人選擇「雞娃」。但真正要解決內捲問題，只有兩個選擇：要麼把餅做大（持續增長），要麼把餅分好（共同富裕）。

由於人口紅利持續減少，原先通過勞動力相對優勢促進勞動密集型「中國製造」的傳統老路已行不通，必須尋找新動能才能維持發展：1）提升單位人效，即技能水平和勞動效率；2）提高技術含量，支持專精特新企業進步，重點推動以 5G 和人工智能為代表的新基建。

針對第一點，國家從 2019 年之後就開始頻密出台扶持職業教育的政策，直到今年 6 月 7 日，《中華人民共和國職業教育法（修訂草案）》正式提交全國人大審議，明確職業教育與普通教育具有同等重要位置，提高技能人才的社會地位和待遇，弘揚技能寶貴、創造偉大的風尚。這算是一個里程碑式的動作，標誌着建設「技能中國」時代的到來和職業教育黃金十年的開啟。

針對第二點，必須針對卡脖子的技術攻關，在 5G 和新能源等領域保持

競爭優勢。可以預見，未來幾年的政策導向肯定是「重製造，輕服務」。

新冠疫情出現，加速了「共同富裕」的提出，這是一個天時地利人和的選擇。

▓ 符合天時地利人和

從天時來看，2018 年中美貿易戰以來，兩國由競合轉向競爭，世界處於百年未有之大變局。尤其是 2020 年新冠疫情爆發後，製造業的重要性愈發突顯，很多技術亟待實現自主可控和國產替代，大國較量必將更加依賴硬科技、新能源和製造業，互聯網服務和消費的重要性必然相對下降。

從地利來看，疫情後中央提出「以國內大循環為主體，國內國際雙循環驅動」的發展思路，而內需市場的平穩發展，對國內大循環很重要，需要特別重視整個社會的穩定性，避免 K 形發展。

從人和來看，2020 年中國全面完成扶貧攻堅任務，未來如要減緩人口老齡化，提高人民的生育意願，必須有效降低房地產、教育和醫療這三大內需消費的成本支出，實現全民減負，縮小貧富差距，打破階層固化，因為希望是生育的源動力，絕望是絕育的大溫床。

其中針對教培行業，大家記憶猶新的就是 7 月 24 日，中共中央辦公廳和國務院辦公廳聯合發布關於「雙減」的 40 號文，明確提出要有效緩解家長焦慮情緒，促進學生全面發展和健康成長，將家庭教育支出和父母相應精

力負擔在一年內有效減輕，3 年內達致顯著成效，人民群眾教育滿意度明顯提升。

生產函數的基本變量之一是勞動力，而經濟發展的核心變量之一是勞動人口。中國歷史上經歷了 3 次嬰兒潮，唯獨在 2010 至 2015 年前後應該出現的第四次嬰兒潮遲遲沒有出現。

回顧過去 10 年，恰恰是房地產、移動互聯網和教培行業飛速發展的時期，伴隨着樓價起飛，居民負債率快速攀升，生育主力八十後的樓按壓力居高不下；智能手機的普及帶動了在線教育的急速興起，放開二胎後的 2016 年是在線教育開始高速增長的起點之年，2016 至 2020 年的 5 年間，行業市場規模從 787 億元人民幣擴大到 2573 億元人民幣，年複合增長率 34.5%。

2020 年新冠疫情的發生更是加快了行業資本流入。據不完全統計，2015 至 2020 年這 6 年間，K12 教培市場的融資金額總計 1294 億元人民幣，其中超過 50% 的融資額發生在新冠疫情爆發的 2020 年！

「欲想使其滅亡，必先使其瘋狂」，首批進場從業者依靠源源不斷的資本融資，增大廣告投放，激化「電影院效應」。然而，機構招攬新客的成本不斷提高，造成行業普遍虧損，同時全民焦慮愈演愈烈（典型的案例是「你不來補課，我們就培養你孩子的競爭者」的宣傳，推動家長湧向在線教培），教育這個慢行業快跑之後的負面效應最終全面爆發，促使「雙減」霹靂政策

的出台。

　　雖然教培行業團滅可能衝擊上千萬的從業人員，但是從國家發展的大局來看，這是必然要付出的代價。建黨百年和「十四五」開局之年，國家政策導向已經很明確：投資就去創造新財富的領域，做慈善就去內捲性基礎公益領域，這是實現共同富裕的一體兩面。科學技術是第一生產力，管理層要為真正的先進生產力保駕護航確保沒毛病，對於基礎公益性領域構成負外部性的，只能通過進步的生產關係來約束負面影響了。

▨ 教培業遭衝擊屬必然

　　雙減政策發布後不久，8 月 17 日，國家主席習近平主持召開中央財經委員會第十次會議，強調在高質量發展中促進共同富裕，標誌着中央的政策導向，從效率優先，轉變為共同富裕和公平優先。這可能成為主導未來 30 年的國家戰略，必將對社會各個領域帶來深刻變化。

　　在高質量增長中實現共同富裕，一方面是希望通過科技創新和產業升級創造新財富，這其中的重點就是製造業復興，推動智能生產；一方面在其他領域尤其是內捲性基礎公益領域更好的分配存量財富，當中要點就是職業教育回歸，為產業升級提供足夠技能人才的供給保證。

　　要實現製造業再興（技術升級）和職業教育回歸（人效升級）這兩大目標，核心障礙在於幾個共振變量集中顯現，導致就業的結構性矛盾突出：一方面是每年 900 多萬大學畢業生尋求崗位，一方面是製造業和軟硬件工程

師面臨嚴重的招工難和留人難。共振變量包括：1）有效勞動力人口總量減少；2）九十後為主的職場年輕人，因內捲或父母趕上房地產黃金十年已購置房產，部分選擇「躺平」；3）互聯網和金融這兩大高收入行業形成虹吸效應，大量年輕勞動力湧入外賣、主播、自媒體和電商等行業；4）大城市外來勞動力因為成本或疫情下失業等原因出現返鄉創業潮。

建設橄欖型社會

　　中國特色的共同富裕是希望讓整個社會創造更多有價值的財富，通過反壟斷、提高數據安全、反官商勾結、打擊惡劣欺詐方式獲取利益或惡意逃避納稅責任的為富不仁者，讓更多中國中產階級在創造財富的過程中能夠成長，形成橄欖型社會。

　　隨着人工智能、雲計算、大數據、機械人等產業互聯網時代新技術的發展，經濟轉型、製造業升級、產業變遷也將對投資帶來新的挑戰和機遇。對創業者而言，多做這時代需要的事；對投資者來說，布局硬科技、新能源、專精特新製造業和數智化職業教育，也是時代需要的正確之事。實業興國和產業人才升級之路漫漫，未艾教育科技依託北大深圳研究院和粵港澳大灣區，致力於服務製造業復興（技術升級）和職業教育回歸（人效升級），深耕數智化產教融合，為技能中國培養更多的技術人才，創造更多新價值，希望與大家攜手中流擊水，浪遏飛舟，不辜負這個共同富裕的新時代！

本文原刊於 2021 年 9 月 21 日
香港《信報財經新聞》

中國企業海外併購的挑戰與應對

朱哲煜

香港中國金融協會理事
世璽家族辦公室創始合夥人

　　中國企業大規模揚帆起航、出海弄潮，已有近 20 年歷史，近年來正面臨着愈發複雜和多變的國際環境。海外併購市場在 2020 年下半年雖有所復甦，然而跨入 2021 年以來，以及新冠疫情尚未完全得到控制、國際地緣政治局勢緊張等諸多因素的影響，海外併購的交易機會與挑戰並存。本文梳理中國企業海外併購面臨的國際監管環境挑戰，據此提出應對策略並探析未來機遇。

　　近年來，國際監管環境複雜多變，海外國家不斷收緊的投資政策和制度，已然成為制約中國企業海外併購的主要挑戰。未來各國政府和監管機構將繼續測試涉及國家安全的新領域，評估網絡安全、關鍵技術和關鍵供應鏈不斷演變的威脅，筆者將透過美國等國家或組織投資政策分析中國海外併購面臨的挑戰。

美國

　　奧巴馬政府執政後期，美國對北京利用工業政策和外國投資來推進其戰略布局的擔心就已經開始，及至拜登政府任期開始，美國和中國之間的緊張局勢，並未顯示緩解跡象。拜登政府的高級官員

將中國標記為美國「最大的長期安全威脅」，總統本人還下令緊急審查關鍵的供應鏈，以減少美國對其地緣政治競爭對手的依賴。至於監管層面，美國國會以經濟和政治安全為由，授予美國外國投資委員會（CFIUS）持續擴大的職權範圍，其為中國企業併購美國企業的主要監管機構。

歐盟

近年來，中資企業積極在歐盟主要成員國投資，不少海外併購項目相繼落地，例如美的集團收購德國庫卡集團股權，中國化工收購意大利輪胎製造商倍耐力等。

隨着歐盟在全球舞台上日趨獨立，加之拜登致力於與美國傳統盟友建立更緊密的合作，美國、歐盟和英國之間對中國實施的協調制裁增加了未來海外併購的難度，近期歐盟暫停中歐投資協定的決定，也為中資企業在歐盟的交易帶來影響。

英國

傳統上，英國一向是全球對外國投資最開放的經濟體之一，近年來政府表現出對收購帶來的國家安全問題表示擔憂。一方面，英國於 2020 年 11 月發布了《國家安全和投資法案》加大審核海外投資力度，法案規定對「敏感」行業的交易會進行國家安全檢查，並追溯適用於已簽署但在該日期尚未完成的任何交易的權力。另一方面，由於英國脫歐及新冠肺炎疫情對英國經濟的衝擊，英國仍需外國投資來促進本地經濟。綜合來看，英國外商投資在監管層面力爭找到一個合適的平衡點。

德國

德國採取了一系列措施進一步收緊外國投資，並加強對外國直接投資的審查能力，包括將觸發強制性申報的類別的數量從 11 個增加到 27 個，增加的類別主要涉及關鍵技術和關鍵投入；在國防部門，涉及受出口管制或基於秘密 IP 權利的商品交易將需要強制性通知。

此外，德國還擴大了審查範圍，包括投資者通過董事會席位，否決權或知情權獲得其他影響力手段，或者不同國家投資者的平行投資共同超過相關閾值，將來的收購也可能會受到外國投資管制。

西班牙

2020 年 3 月，西班牙政府針對新冠肺炎疫情的影響，批准了外國投資立法，該法律追溯適用於在修訂規則尚未生效之前簽訂的具有協議的交易，這也意味着如今對西班牙進行外商直接投資，首先必須獲得西班牙政府的行政審批。

意大利

香港交易所宣布對倫敦證券交易所（包括意大利交易所集團）進行敵意收購後，意大利政府迅速批准了新措施，賦予其使用特殊權力保護米蘭交易所，使其免受任何不需要的外國投資的權利。這些更改措施在幾天之內就被採納，並且幾乎立即生效。

當前環境下，監管干預仍是海外併購交易失敗的主要原因，若要成功，

則應多措並舉緩解風險。首先，對交易對手國家或地域的監管政策和瞬息萬變的世界格局，應時刻保持高度敏感並深入了解，只有及時、準確掌握訊息，方可規避風險，促使交易成功。

其次，在交易前及項目初期着重評估監管風險，大環境為併購項目帶來諸多不確定性，各方在協議預備簽署階段，在保證各方權益下，調動相關方參與協議商定的積極性，並允許合同具靈活條款，同時注意在交易過程中保持對監管環境作持續監控。

與此同時，增加備選方案和及時評估備選方案也十分重要。項目方應做場景分析，評估各種主要場景下的備選方案，以此來應對突發監管風險、不可預見的延遲和費用。

此外，與有豐富海外併購經驗的國際頂尖投資銀行和律師事務所合作，嘗試將風險降至最低。

儘管多國都在收緊外國投資條例，但中國企業海外「走出去」迎來的機遇同樣不容忽視。

在地域方面，雖然歐盟暫停《中歐投資協定》，律師界普遍認為歐洲國家與中國簽署的雙邊投資協議將不受此影響，因為大多數歐洲國家已經與中國簽署了單獨的雙邊投資協議，所以中國海外併購在歐洲國家的項目依然機遇不少。

　　就行業方面而言，未來仍有各國都關心且希望共同推動的領域，例如醫療大健康和氣候變化等。醫療行業的跨境投資保持熱度，如上海萊士收購美國體外診所企業 GDS，邁瑞醫療收購芬蘭醫療器械公司 Hytest Invest Oy；與氣候變化相關的碳中和、氫能領域也有爆發趨勢，頭部企業如國鴻氫能、飛馳科技等，受到日本、加拿大等海外國家企業的關注。因此，此類需要國際合作的優先事項，或許會反向推動更多的跨境投資和併購機會。

　　互利共贏，協同發展，筆者相信未來海外併購環境會逐漸寬鬆，不同經濟體之間的合作也會日益密切，全球經濟將隨之迎來更加蓬勃的發展。

本文原刊於 2021 年 6 月 1 日
香港《信報財經新聞》

近年來，國際監管環境複雜多變，海外國家不斷收緊的投資政策和制度，已然成為制約中國企業海外併購的主要挑戰。

商品交易應有效提升定價自主權

謝炯全

香港中國金融協會理事
茂盛控股獨立非執行董事

近年因受新冠肺炎疫情影響，全球經濟大倒退，只有中國經濟總量有高速增長，吸引全球資金，包括來自歐美、英國之財團及基金公司投資中國，他們在中國尋找適當之投資項目，包括大型基礎建設投資，各類資源，能源儲備，各類科技及生產性企業、糧食、農業、醫療、健康、綠色、環保等投放資金及合作項目。

中國「十四五」規劃目標引入主要商品交易規則、產品標準、市場定價。

國家創新計劃用 15 年時間建設一個高科技、高品質的強國，未來在經濟實力、科技研發、綜合國力將大幅躍升，並將建成現代化經濟體系，基本實現國家治理能力現代化。在這良好的大環境下，各省市自治區應更好地把握機遇，推動地區改革發展，優化當地的資源整合，積極推動有潛質的商品項目。原油儲備、煉油生產、化工產品、煤炭產業、銅鐵礦產等金屬供應及期貨買賣、糧食農產品、海產及肉食商品等在內部需求下，創造更多的商機。大宗商品買賣在中國市場需求龐大，建議由地方政府推動，同業共同合作成立商品委員會，引入貿易及交易規則、產品標準、交易方法，在定價上

擁有話語權；如此可以避免過去的各自為政和內部競爭，在定價上太被動及容易受中介人所操控。這些舉措能夠幫助中小企業提升資本運作能力，在現金流方面更加靈活便捷，從而有效推動地方經濟發展。

山東憑地理位置及青島港口獨特優勢，成立石油產品交易中心。

山東沿海擁有大量煉油企業，可升級作為國家石油戰略儲備，成立交易平台中心，幫助中小煉化企業在資金流的運作方面更有效及靈活，有望成為全國原油保稅自貿區；發揮山東港腹地煉化優勢，提前布局低硫船供油市場，加快打造以山東為核心，輻射東北亞地區的北方最大船供油基地。加上內地自行研發大量高強度鋼板油罐，恰逢國際原油價格的下調視窗，國家借此有利時機進口了大批低價原油，提升石油儲備。新加坡的「石油煉製」也十分值得借鑑，通過充分利用煉油廠，除了加工出汽油等不同油品，還能生產氣態燃料、合成氣體、石油化工產品及潤滑油和瀝青原料，帶來極龐大之經濟效益。

擁有全球棉花期貨交易及規則認證十分重要。

早前多家西方服裝品牌發布聲明，拒絕使用新疆棉花，停止與新疆相關企業合作，引發全中國的抵制浪潮。歐美聯手抵制新疆棉花的背後是巨大的經濟動機。拒絕使用新疆棉花不是主要目的，打壓中國的紡織業才是他們的目標。過去棉花的定價在美國紐約期貨交易所，因內地相繼在 2004 年於鄭州成立棉花期貨交易所、2014 年於上海成立國際棉花交易中心，西方認為動了他們的蛋糕。現實情況是，中國是世界最大棉花生產國，也是最大的棉花消費國，擁有世界完整紡織產業鏈。中國採用棉花小麥雙季播種，實現大

規模機器化採摘，使產量效益大大提升，農民收入大增。新疆棉花種植面積佔全國 80%，年產量 516.2 萬頓，所謂的「強迫勞動」更是無稽之談。

發展高新技術養殖及農業交易中心，可產生高效益回報。

中國在各項糧食需求明顯增加，如能充分發揮中國的區域地理資源，加上制度優勢，能更好地促進經濟發展。其中養殖及農業是一項龐大之經濟效益，配合技術改革，充分運用物聯網、AI、5G、人工智慧、大數據等高新技術。把過去用人管理改為數碼化管理，降低成本，提升經濟效益。應用高新技術保障食品安全、現代化種植、自動化畜養家禽及豬、海洋生態養殖，同時帶動相關產業，如海鮮處理、冷鏈加工、運輸物流、肉類加工、飼料等，進一步提升經濟效益。

中國擁有 1.8 萬公里的海岸線，擁有渤海、黃海、東海和南海四大海域，面積 500 平方米以上的島嶼近 7000 個，適合發展海洋牧場新科技工業。尤其中國的海產養殖自然條件優越，北方沿海地區，特別是山東、遼寧大型海魚及鮭魚養殖場，結合新科技將有助當地之經濟效益。

中國發起 RCEP，由 15 個成員國簽署組成。

中國政府成為第一個完成了《區域全面經濟夥伴關係協定》（RCEP）批准協議的國家。憑藉 RCEP 協定，香港及內地城市將可更大發揮地區性功能，尤其在航空航運、港口碼頭、高鐵運輸上，有望成為交通強國及貿易強國，建成世界級港口群、機場群、城市群及都市圈交通一體化，服務區域創新發展，形成亞太連接經濟圈。日後隨着 RCEP 成員國間經貿合作的密切往

來，RCEP 未來將對整個亞太地區、乃至全球的經貿合作關係產生重大而意義深遠的影響。對佔全球經濟三分之一體量的 RCEP，區域內關稅減免政策實施後，將加速全產業鏈的布局和深化合作，香港及內地城市應加快順應時代發展趨勢，充分把握機遇並積極面對挑戰，爭取發揮最大的作用與價值。

本文原刊於 2021 年 5 月 18 日
香港《信報財經新聞》

第二章

香港優勢之分析

港勢成首個
綠色科技金融中心

翟普 香港中國金融協會常務副主席
上達資本（亞洲）有限公司總裁

白駒過隙，距《巴黎協定》達成已7個年頭。「天地與我並生，而萬物與我為一」，在中國等負責任的大國努力下，國際社會仍有望共同壓制全球變暖趨勢，共建綠色美好家園，而香港正是中國實現「雙碳」目標不可缺少的一環。

2023年2月，香港特區財政司司長陳茂波在《財政預算案》中提出，政府將加速發展香港成為國際綠色科技及金融中心。為達到此目標，港府決定成立「綠色科技及金融發展委員會」，並推進五方面工作，包括構建綠色科技生態圈、綠色金融應用與創新、綠色認證及國際標準銜接、人才培訓，以及加強與大灣區和國際市場交流合作。

在近期舉行的「2023香港Web3嘉年華」主會場上，陳茂波再次提到綠色科技及綠色金融對於香港發展的重要意義，引發社會更加廣泛的共鳴。

到底什麼是綠色科技？香港為什麼要發展綠色科技？

綠色科技是指能減少污染和碳排放、提升資源利用、降低消耗和改善生態的技術。我國《綠色產業指導目錄》列舉了 211 類綠色產業項目，包括清潔能源、綠色交通、綠色建築，以及低碳製造業等。

▓▓ 金融基礎夯實如打強心針

香港已經確立在 2050 年實現「碳中和」目標，這一目標早於內地 10 年。香港可以在清潔能源、儲能、綠色建築、新能源汽車，以及固體廢物循環利用等技術領域提前布局，其成果必將在大灣區、全國，甚至整個「一帶一路」獲得巨大的應用場景，並為國家用好國際資源拓展局面。我們相信，綠色科技能在未來 5 年內成為香港經濟發展的新動力，香港能在未來 10 年內成為首個全球綠色科技及金融中心。

香港國際金融中心擁有穩定和成熟的監管制度，在連接內地與國際金融市場的同時，亦有能力成為全球綠色金融中心。隨着更多投資者愈發重視氣候變化等的環境問題，與綠色發展相關的管理、訊息披露、監管、評估評級，以及投融資等逐步形成的生態系統。

目前全球仍欠缺統一的綠色金融分類標準，在此情況下，香港能夠協助更多國家和地區打造一套受各方認可，特別是在區域內具有一致性及可比性的標準，充分發揮香港的綠色金融優勢。例如，香港交易及結算所有限公司於 2022 年 10 月推出國際自願碳信用產品交易市場「Core Climate」，而中國市場擁有全球第二大的碳信用供應量，此舉將推動中國「碳權」標準認證國際化。

從融資角度來看，香港具有良好的綠色金融市場及綠色科技企業融資市場。債券方面，港府自 2021 年推出「綠色和可持續金融資助計劃」，已資助超過 200 筆在香港發行的相關債務工具，涉及債務總值近 700 億美元；2023 年 1 月 5 日首批綠色債券發行，集資額 57.5 億美元（約 448.5 億港元），為歷來規模最大。

IPO 方面，港交所新修訂的《主板上市規則》在 3 月 31 日正式實施，推出第 18C 章的特專科技公司上市規則，允許未盈利科創企業上市，為綠色科技企業融資提供了更多選擇。

至於股權融資上，港府 50 億元「策略性創科基金」，將用於支持香港本地科創企業融資，大大增強香港對綠色科技科創企業的吸引力。與此同時，香港投資公司也正在醞釀中，以引進和投資落戶香港的企業。如此夯實的金融市場基礎，為綠色科技行業發展打入了「強心針」。

▉▉ 培育人才助研發成果落地

企業、大學等社會基礎同樣是發展綠色科技最堅實可靠的驅動力。如今香港已經擁有一批具有競爭力的綠色科技公司，分布在綠色建築、清潔能源、固廢處理及循環經濟等領域。

為了初創企業平穩發展，港府設立了香港科學園和數碼港兩個科技產業園區，並提供租金補貼、財政補助等，幫助初創企業科技成果落地和商業轉化，以低成本進駐產業園區內的孵化器。過去五六年間，政府已投資逾

1500 億元基金於初創企業，為其做大做強保駕護航。

▓▓ 與大灣區互補貫通產業鏈

為支持大學研發成果商品化，港府推出大學科技初創企業資助計劃，給每所大學的資助額倍增至 1600 萬元。作為科學技術的策源地，香港各高校也積極開展綠色科技相關研究。例如，香港科技大學研究團隊研發了一款新型氫燃料電池，不僅降低八成組成氫燃料電池催化劑的金屬含量，更刷新了這種電池的最高耐久性紀錄，有助推動綠色能源的普及化及實現「碳中和」目標。

「一國兩制」是中國香港和內地分工合作、協同發展的最高保障。在邁向「碳中和」過程中，香港與鄰近的大灣區城市可以優勢互補，共同打造貫通上中下游的創科產業鏈。

舉例來說，在融資端，香港、深圳於去年 9 月聯合發布支持前海深港風投創投聯動發展 18 條措施，支持前海風投創投機構拓寬融資渠道，對在香港交易所上市的給予 200 萬元一次性獎勵。

在研發端，深圳市人社局與香港城市大學發起設立「HK Tech 300 共創空間」，支持香港青年創新創業，並推動深圳天使母基金等投資機構設立相關專項基金。

至於在應用端，深圳市科技創新委員會與香港創新科技署聯合簽署《關

於全面推進深港科技創新合作的安排》，將推動創新要素高效便捷流動、機制對接等，深港兩地金融機構、科研工作者、創業者的緊密交流必可推動綠色科技企業「香港創新試驗，內地落地生產」的美好願景。而生態建設方面，位於落馬洲河套區的港深創科園會是兩地在生命健康科技、新能源科技等領域合作的橋頭堡。

在發達的金融市場和齊全的政府配套支持下，我們認為，更多的清潔能源製造、新能源車生產、新材料研究等大型企業將在香港設立實驗室，用好其前沿的綠色科技儲備。同時，更多綠色科技初創企業會來到香港，研發和落地零碳、減排等科技成果，並且在香港本地市場及內地大市場應用。

萬丈高樓平地起，一磚一瓦皆根基。在當下的綠色科技熱潮中，香港因應其廣泛的金融基礎、堅實的社會基礎，以及「一國兩制」帶來的獨一無二的市場基礎，有望吸引大批優秀的綠色創新企業來港落戶發展，在未來 10 年內發展成為首個全球綠色科技及金融中心。

本文原刊於 2023 年 5 月 16 日
香港《信報財經新聞》

"" 在發達的金融市場和齊全的政府配套支持下,我們認為,更多的清潔能源製造、新能源車生產、新材料研究等大型企業將在香港設立實驗室,用好其前沿的綠色科技儲備。 ""

2.2 打造綠色金融世界級示範區

譚岳衡

香港中國金融協會副主席
立法會議員
交銀國際董事長兼執行董事

2020 年 9 月，高層領導正式提出中國的碳目標時間表，國家「十四五」規劃全文中 19 次提及綠色發展，大灣區規劃綱要明確提出在大灣區大力發展綠色金融。站在舉全國之力發展綠色經濟的歷史新階段，大灣區基於特殊的區位及產業優勢，具備綠色金融的優良基礎，理應以更加積極主動的姿態對接各地區的綠色金融需求，在「一帶一路」沿線國家和地區的綠色投資中發揮重要作用，打造世界級綠色金融發展示範區。

▐▐ 粵港澳大灣區已積累良好基礎

1、香港積極發展

香港在 2017 年即提出發行規模上限為 1000 億港元的政府綠色債券計劃，並啟動綠色債券資助計劃。2021 年 1 月，特區成功發售涵蓋多個期限的綠色債券，為區內潛在發行人建立了全面的綠債基準曲線，投資人包括亞洲、歐洲和美國投資者，充分體現出債券的國際化屬性。另外，港交所在 2015 年開始就上市公司的環境、社會和治理（ESG）提出披露要求，後經修訂完善新版《ESG 指引》於 2020 年 7 月正式實施。

2、廣深各具特色

廣州在 2017 年獲批准成為綠色金融改革創新試驗區，在綠色金融領域方面已經取得很多成績，創新了綠色企業和綠色項目認證機制，制定綠色企業和項目庫管理辦法，更有一批專營綠色機構落地。在推動綠色產業融資方面，多項指標在全國各試驗區中均居首位。廣州碳排放交易所作為國內領先的碳排放交易平台，碳配額成交量已經突破一億噸。深圳於 2017 年成立綠色金融專業委員會，並加入聯合國環境規劃署牽頭成立的「全球金融中心城市綠色金融聯盟」，同時出台國內首部綠色金融法規，營造了綠色金融發展的法治環境。

▓▓ 引領發展4點建議

1、增強協調 完善區域統籌機制

目前大灣區內的綠色行業劃分、綠色債券認證以及披露標準等均存在不一致之處，因此首要問題是構建有力度的大灣區區域統籌協調機制，推動粵港澳三地簽訂《綠色金融合作協議》，加快構建統一的標準和披露體系。具體著力點方面，香港品質保證局是氣候債券標準委員會授權的核查機構，具有對接國際標準的優勢，廣州深圳探索出適用於灣區企業的分類認證標準，幾方的深度融合將產生既適合本地又與國際接軌的標準體系。港交所及深交所可加強 ESG 披露標準方面的統一，並形成具有公信力的第三方認證機構，提升兩個市場上市公司 ESG 的可比性。

2、加大產品創新 多渠道服務

總體看，綠色金融的需求端和供給端存在不平衡，期限錯配的特徵也較

明顯，應綜合利用三地金融優勢、加大互聯互通，以滿足多樣性的綠色融資需求。香港地區連接境內境外兩個市場，應該充分發揮國際金融中心的優勢地位和在綠債方面已經積累的優勢，澳門地區則利用葡語優勢對接葡語國家金融市場。

股權融資方面，港交所可以汲取 18A 章允許未有收入的生物科技公司赴港上市的經驗，探索開闢專門綠色行業板塊來促進相關行業的股權融資。港交所 STAGE 平台應爭取更豐富的綠色產品上架；應依託廣州和深圳的碳交易市場，大力開發碳資產證券化、碳期貨等相關金融產品，建立灣區多層次碳市場體系。另外，新型的綠色項目則需要 PE、VC 領域的投資來推動，應鼓勵設立戰略性綠色產業投資基金，同時支持保險公司開發支援綠色技術的保險產品，並對綠色技術創新企業提供擔保和其他類型的風險補償。

3、積極對接內地及「一帶一路」

除中央層面構建和完善綠色金融頂層設計外，各地方政府也積極制定了支持綠色金融發展的政策措施，粵港澳大灣區應積極對接內地其他地區的需求，通過精準對接促進產融結合，也可利用東莞等地成熟的供應鏈系統，創新發展綠色供應鏈。此外，金融機構可通過分支機構之間的聯動，通過跨境貸款、跨境投資等方式實現資本和知識的轉移。考慮到「一帶一路」建設將產生大量綠色資產，需求端方面，責任投資理念在全球得到機構投資者的廣泛認可，在歐盟等發達市場年複合增長率超過雙位數，大灣區將責無旁貸發揮專業優勢和平台優勢。

4、充分利用科技力量賦能

　　大灣區作為科技創新集聚地，在金融科技支持綠色發展方面有較大優勢。金融科技和數字創新可以多方面發揮關鍵作用，利用大數據、AI 和機器學習等，提升環境風險管理和投資篩選能力；通過衛星、無人機、物聯網及遙感技術進行環境數據的實時監測、跟蹤和驗證，從而支持金融解決方案。深圳可考慮作為牽頭城市、灣區其他城市深度參與，建立包括監管、金融、科技等的跨領域專門工作小組，形成行動綱領、工作建議和技術成果庫，實現快速推廣。

本文原刊於 2021 年 3 月 17 日
香港《信報財經新聞》

2.3 把握大灣區理財通機遇
促進香港金融發展

丁晨

香港中國金融協會副主席
南方東英資產管理有限公司總裁

2019 年 2 月發布的《粵港澳大灣區發展規劃綱要》中提到「擴大香港與內地居民和機構進行跨境投資的空間，穩步擴大兩地居民投資對方金融產品的管道」，為大灣區金融領域互聯互通指明了方向。2020 年 5 月，中國人民銀行等 4 部委聯合發布的《關於金融支援粵港澳大灣區建設的意見》，進一步提出「支援大灣區內地居民購買港澳銀行銷售的理財產品，以及港澳居民購買內地銀行銷售的理財產品」。

6 月，中國人民銀行、香港金融管理局、澳門金融管理局發布了《關於在粵港澳大灣區開展「跨境理財通」業務試點的聯合公告》，為大灣區金融發展提供了更加全面和明確的藍圖，關於「跨境理財通」的聯合聲明則更加具體提到，在銀行開立投資專戶購買合資格投資產品、通過賬戶綁定實現閉環滙劃和封閉管理、資金滙劃使用人民幣跨境結算等進一步細節。

▦ 豐富區內金融產品選擇

粵港澳大灣區涉及 7000 萬人口、兩種社會制度、3 種貨幣，以及不同的監管體系和法律體系，對於大灣區的金融業融合發展而

言，機遇與挑戰並存。香港是粵港澳大灣區內最成熟的國際金融中心，在疫情引發經濟寒冬的大背景下，「大灣區理財通」的新機遇或將對香港金融業穩定發展起到積極促進作用。

「大灣區理財通」設立的初衷，是為大灣區居民提供更加豐富的金融產品選擇，因此應考慮如何在保護投資者合法權利的前提下，更好地發揮香港的產品多樣化優勢。業界亦冀「理財通」能產生規模效應，成為香港金融服務行業的另一個發展引擎。目前各界對「理財通」初期產品應為「風險較低、相對簡單的投資產品」有普遍共識，比如可以包括香港證監會認可的債券公募基金、貨幣基金，分銷銀行評為中低風險的公募基金等產品，且產品涉及的資產種類和風險程度應多元化。除此之外，結構較透明的股票市場指數 ETF 具有低成本、分散風險的特性，可以考慮納入首批合資格產品。由於「理財通」將以銀行為客戶和產品的入口，如果以這類 ETF 的非上市單位開始，則可以確保在開通初期，投資者的交易和認購可以在銀行層面完成。

■■ 探索從業人員跨境銷售

財富管理的服務性質需要從業人員與客戶更密切接觸，從而更好地認識客戶、了解客戶的投資喜好和風險特徵。因此，探索從業人員的「跨境理財通」產品銷售至關重要，需要監管機構以大灣區思維進一步提升跨境合作監管的深度，也需要從業者擁抱廣闊的潛在市場和迎接良性競爭。具體可參照《內地與香港關於建立更緊密經貿關係的安排》（CEPA）對於降低專業人士進入對方市場門檻的安排，進行相關資格認證和牌照管理。如能得到落

實，香港從業者將有機會接觸到大灣區廣闊的潛在市場，為行業發展創造利好。

∷ 強化港離岸人幣樞紐地位

大灣區規劃既是香港自身踏入發展新階段的契機，也是其在地區發展的價值體現。鞏固國際金融中心地位，強化全球離岸人民幣業務樞紐、國際資產管理中心、國際風險管理中心，支持內地企業在香港設立資本運作中心及企業財資中心，是金融服務行業在粵港澳大灣區規劃中的重要目標。「大灣區理財通」提供豐富的跨境金融產品選擇，將有利於區域內金融業優勢互補、融合發展，有效擴大人民幣資金池，提升人民幣產品供給的數量和廣度，鼓勵大灣區居民和機構投資者跨境發行人民幣產品，強化香港的全球離岸人民幣業務樞紐地位和國際資產管理中心功能。

「大灣區理財通」是繼「滬港通」、「深港通」、基金互認、「債券通」、ETF 互掛之後，香港與中國內地資本市場互聯互通的又一重大舉措，對身處經濟寒冬的香港金融業具有重大意義。近年來在政府和業界的共同努力下，香港的資產管理業態、金融產品的豐富程度、本地和內地及國際投資者的成熟度、投資風格和偏好均與過往大不相同。正如「跨境理財通」的開通漸行漸近，香港也朝着成為世界級資產管理中心的願景穩步前行。

本文原刊於 2020 年 10 月 20 日
香港《信報財經新聞》

大灣區規劃既是香港自身踏入發展新階段的契機，也是其在地區發展的價值體現。

2.4 航空金融業將迎新機遇

潘浩文

香港中國金融協會副主席
富泰資產管理有限公司主席

從 2020 年初以來,新冠疫情席捲全球,縱然疫情一開始給航空業帶來了前所未有的打擊。然而,隨着疫苗的大規模接種及診療手段的不斷改良,航空也已觸底反彈。研究資料顯示,目前來看各國國內航空活動有望在 2022 年中期至 2023 年前期恢復正常。

以未來 20 年的大時間跨度看,疫情影響還是階段性和短期性的。當疫情全球範圍內可控後,民眾對疫情關注降低甚至常態化,航空出行需求將急劇反彈並回歸到正常發展曲線。波音公司在其 2020 年市場展望報告中指出,未來 20 年全球需要 44400 架新飛機,價值超過 5.9 萬億美元,其中僅亞太地區就需要超過 16000 架,價值約為 2.4 萬億美元。可見全球航空業發展趨勢持續不變,隨之而來的也必然帶動全球航空金融市場的不斷增長。

▓ 國產飛機量產需求大

中國航空金融方面,據民航官方資料顯示,中國民航機隊規模在 2026 年將達 4000 架,當中租賃率預計將有 60%,這就意味着中國航空租賃市場將達到 1300 億美元,屆時中國將成為僅次於美

國的第二大潛在市場；未來 20 年內，中國需要超過 6000 架新飛機（包括進口和國產飛機），市場價值近 9000 億美元。這裏存在着巨大商機，航空領域金融需求將更加旺盛，航空金融業將迎來大量的機會，繼續拓展航空金融市場將是各地區發展金融行業的必然選擇。

香港航空金融經過這幾年的發展，雖然一些金融機構也進軍航空金融市場，開展飛機融資業務，但大多數還停留在簡單信貸融資層面。這就造成了租賃企業局限於自身資本實力和金融市場運作能力，其專業的航空租賃市場拓展能力和專業化資產管理能力難以得到更大發揮；而香港金融機構由於難以迅速建立航空租賃資產的專業評估能力和專業化資產管理能力，難以深度參與航空金融市場的競爭和品牌的建立，同時無法分享更大的航空金融市場資本收益。

隨着國產飛機的量產及未來 20 年中國約需要 6000 架新飛機、共計9000 億美元市場價值的需求，香港如能把握此機遇，在國產飛機的推廣和新飛機融資中擔當重要角色，必將能夠在未來 20 年中國新飛機這 9000 億航空金融市場中分得一杯羹。

國產大飛機製造商 ——中國商用飛機有限責任公司（「商飛」）經過十餘年的探索實踐，初步形成了從支線飛機到中短程寬體客機的產品譜系，正在開展產品經營的探索之路。其中，商飛製造的最重要產品是 ARJ21 飛機和 C919 大型客機。ARJ21 是我國商飛自行研製具有自主知識產權的新型渦扇支線飛機。載客 78 至 90 座，航程 2225 至 3700 公里。截至 2021 年 6 月，

ARJ21 新支線飛機已累計交付客戶 53 架，訂單總數超過 670 架，先後開通航線 190 條，通航城市 90 個，安全運送旅客超過 270 萬人次。

C919 大型客機是中國首款按照最新國際適航標準研製的幹線民用飛機，於 2008 年開始研製。圍繞「更安全、更經濟、更舒適、更環保」和「減重、減阻、減排」的設計理念設計。座級為 158 至 168 座，航程為 4075 至 5555 公里，首架機於 2017 年 5 月 5 日首飛。其國內外使用者達到 28 家，訂單總數 1000 架。

▐▐ 鼓勵港銀參與融資

C919 預計售價在 5000 萬美元左右，相比同級別的波音 737 與空客 A320 具有很強的價格優勢，無論是在國內市場還是海外市場，C919 都具有較強的競爭優勢。未來，隨着 C919 進入正式量產，其市場容量有望超過 1000 億美元。

國產飛機的生產和租賃無疑帶動整個中國及亞太航空金融市場的繁榮發展。香港作為全球金融中心可在融資管道和交易模式上進行一些創新，比如鼓勵銀行多參與航空融資；參考其他國家 ECA 做法鼓勵保險公司為國產飛機提供中長期融資擔保或保險增信安排；調整相關流動性資金支援安排政策，提高銀行購買飛機資產證券化產品（ABS）的積極性；還可推進航空業區塊鏈資料化的發展，幫助銀行和融資企業大幅降低成本，提升交易效率。

筆者相信，香港如能善用自身優勢，抓住協同國產飛機走出去的這一機

遇，不僅能有力地支持中國航空製造業和運輸業的發展，更將使得香港能在前景巨大的航空金融市場中分享更大蛋糕。

本文原刊於 2021 年 9 月 7 日
香港《信報財經新聞》

港保險資本監管體系助控風險

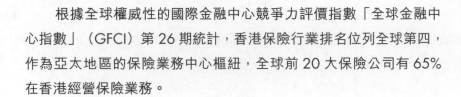

姜濤

香港中國金融協會副主席
中國人壽保險（海外）股份有限公司副總裁

　　根據全球權威性的國際金融中心競爭力評價指數「全球金融中心指數」（GFCI）第 26 期統計，香港保險行業排名位列全球第四，作為亞太地區的保險業務中心樞紐，全球前 20 大保險公司有 65% 在香港經營保險業務。

　　香港保險資本監管體系（HKRBC）由香港保險監管部門自 2012 年提出，包括數量評估（第一支柱）、企業管治及風險管理（第二支柱），以及訊息披露（第三支柱）。發展至今，已經完成了風險為本資本制度的概念和框架（風險類別、評估模式等）、制定具體規則和量化測試兩部分，目前正在進行第三階段修改法例進程，修例完成後將進入正式實施階段，並設過渡期，使保險公司能逐步適應。

:: 按計量準則作更精細規劃

　　HKRBC 建立了以市場價值下風險評估為核心的償付能力計量體系。負債端計量採用市場化無風險利率與流動性溢價對保單負債現金流折現，在此評估規則下，市場環境的變動將更加直接地反映

在保險負債估值中，造成保險負債波動性大幅增加。因此，保險公司需更加關注資產負債的聯動作用，通過資負匹配達成資產負債表的相對穩定。同時，保證部分時間價值（TVOG）的引入顯著提高了保險公司在保險業務中內嵌保證所需的財務成本，高保證業務對償付能力的資本消耗將大幅增加。

在資產端，由於新規則要求對資產進行全市值計量，當前通過財務分類管理資產負債表穩定性的做法將不再有效。同時，新規則對於不同性質和信用質量的資產有不同的資本佔用計量標準，對垃圾債券及公開市場權益等高風險低信用資產提出了更高的資本要求。這使得保險公司需要用更為精細的資本規劃模型協助公司開展資產配置和投資決策。

負債市場化計量及保證部分時間價值的引入，對保險公司產品的形態、定價提出了更高要求。設計保證成本低、資本消耗低、能根據市場環境變化靈活調整的產品，成為保險公司業務模式轉型的必經途徑；可選方案包括引入再保險分出風險以降低資本需求、更多銷售投資連結型或者低保證高分紅長期險等，與客戶共同分擔投資風險，享有投資收益，實現多方共贏。

∷ 資產配置須實現「三角平衡」

香港當前償付能力監管規則下，風險資本需求與負債規模相關，是規模導向的償付能力體系，不能反映資產端風險的實際情況。HKRBC 作為市場化風險導向的償付能力體系，公司資產配置和風險管理能夠直接傳導並影

響償付能力資本需求，因此新規則下保險公司需在資產配置中實現收益、風險、資本佔用之間的「三角平衡」。由於 HKRBC 下資本佔用能夠較好的體現資產風險本質，在資產配置時應該將資本回報率（Return on Capital, ROC）作為重要衡量指標。

資產配置需要在覆蓋負債成本、滿足公司資本預算及風險限額的前提下，以 ROC 作為重要衡量指標進行改良；可選擇的優化目標包括風險可控下回報最高、資本使用效率最高、達成負債預期收益要求可能性最大等。

在具體資產配置方面，行業普遍存在以下趨勢：一是根據負債特徵，提高資產配置對負債的匹配度。

在實務中，很多公司根據固收類資產及權益類資產的風險特徵，進行匹配管理。固收資產支持現金流匹配以提升資產負債匹配程度，進而提升負債折現率；而權益類資產則滿足長期負債的高收益需求，通過長期價值調整（LTA）提升負債折現率。

二是通過投資創新，提高資本回報率，並參考歐美實行 Solvency 2 等風險為本償付能力監管體系後的資產配置變化趨勢，積極研究拓展另類投資配置。

例如，從美國同業看，2016 年至 2020 年間美國保險公司另類資產由 31.8% 上升至 35.9%，主要配置於私募債、證券化產品及房產抵押貸款。

同時對公開市場股票及高收益債等傳統風險資產進行大幅減配，目前佔比已經極低。

　　從歐洲同業看，2014 年至 2019 年間，8 家典型頭部歐洲保險公司的資產配置中，低流動性另類資產配置金額上升 27%，佔整體配置比例達 16%，主要是 ESG、私募股、私募基金、抵押貸款、房地產等配置大幅增長。2018 年到 2021 年間，根據歐洲保險和年金監管局（EIOPA）公布訊息，歐洲主要國家在繼續增加對另類貸款及房地產的配置比例，另類化的趨勢仍然持續。

本文原刊於 2022 年 5 月 17 日

香港《信報財經新聞》

2.6 港資本市場積極變革助提升競爭

蔣國榮

香港中國金融協會副主席
花旗環球金融亞洲有限公司董事總經理

歷史上，中國公司境外上市地主要集中在美國紐交所、納斯特和香港交易所。截至 2022 年 3 月底，有超過 250 家中概股及一千多家中國背景公司分別在美國和香港上市，對應市值約一萬多億美元及近六萬億美元。其中，中國絕大部分具有代表性的互聯網公司，如阿里巴巴、百度等，均先在美國上市並且利用國際資本市場實現了跨越式的發展。

然而，當前中美雙邊關係日漸微妙，全球地緣政治風險顯著加劇，包括俄烏戰爭引發的金融制裁以及美國證交會（SEC）和公眾公司會計監督委員會（PCAOB）在全面檢查中概股審計底稿上的強硬態度，使全球金融市場出現脫鈎的苗頭。

❚❚ 借鑑美註冊制 拓寬監管思路

在新的國際形勢下，香港作為中國背景公司境外上市的主戰場，應該繼續「主動尋變」，在美股上市受阻的大環境之下，既能開放包容地接納現有的美國中概股回歸，又能為創新型公司提供合適的上市融資平台。

近期香港證監會和港交所針對是否容許具規模、未盈利或未有收入的創新型公司來港上市已有初步探討，該動作也獲得香港金融業的積極響應。但近期在美國各項針對中國政策的影響下，我們希望港交所能夠更加開放，改革邁向更大一步，在美國資本市場對中國公司將要關上大門的同時，為這些公司敞開香港資本市場的窗。

目前境內監管機構積極求變，嘗試為創新型公司融資提供更多便利，例如北交所設立為「專精特新」中小企業提供了更多的融資機會。

香港作為國際金融中心，在監管思路上可借鑑美國發達資本市場實行的市場化註冊制，將監管重心放在「高質量的訊息披露」，把上市公司投資價值的判斷交給市場，取消目前上市申請過程中實際應用的審核制，例如放寬對公司業務可持續性和業務資質合規（如餐飲和教育類公司所需的消防備案、行業監管暫不明晰的新興行業仍需取得行業監管意見等）的實質性審核，通過充分的披露來將價值判斷交給投資者。

港交所雖於 2018 年推出「不同投票權」架構，但因審核較為嚴格，獲准採納該等架構上市的公司較少，也影響了新興公司來港上市的積極性。

▪▪ 減財務指標　吸優質科企掛牌

《中華人民共和國公司法（修訂草案）》已明確境內註冊公司採納「不同投票權」架構在法律上的合法性，為該等公司境外上市掃清障礙。港交所可借此契機，考慮放寬「不同投票權」架構公司在港上市限制。

近年來，大量新興領域的硬科技公司不斷湧現，且都在技術攻堅和業務拓展的關鍵期，資金需求量大。港交所可參考第 18A 章生物科技公司的上市標準，減少對前述新興領域公司的上市財務要求。相較而言，美國市場對上市申請人的財務要求非常寬鬆，為大量早期的優質科技公司提供靈活、多層次的融資渠道，孕育並推動了偉大科技公司的誕生。若港交所能進一步減少上市財務指標，將有利於吸引更多優質科技公司在港上市。

◫ 宜優化制度　大降交易成本

對比美國市場，香港市場資金量小、交易量低。參考世界交易所聯合會數據，2021 年，紐交所和納斯特合計日均交易額超過兩千億美元，而港交所日均交易額不足兩百億美元。

香港市場較高的交易成本和尚待優化的交易制度為交易量偏低的原因。不同於美股針對單筆交易設置收費上限，港股按照單筆交易金額的百分比收費，因此大額交易的成本遠高於美國。

此外，高頻交易的量化基金在香港發展滯後，根據港交所披露，2021年量化交易的日均交易額僅佔現貨市場的 10% 至 20%，遠低過美國市場。因此，港交所可考慮大幅降低交易成本並優化交易制度，以提升市場深度和交易活躍度。

「互聯互通」推出以來，境內投資者通過「港股通」積極參與港股交易，對市場產生了積極的影響。然而，目前納入「港股通」仍要符合特定標準，

例如需「被納入恒生綜合指數」等，且包括阿里、京東等二次上市公司也無法被納入。如果兩地交易所能協商放寬「港股通」的准入條件，將對港交所擴闊投資者基礎、鼓勵多渠道資金來源產生重大利好因素。

　　在大變局下，香港承擔着重要的角色。香港資本市場若能積極變革，提升市場活力，更好的支持中國背景的公司充分利用國際資本市場實現高質量發展，可進一步提升香港作為全球融資平台的競爭力，抓住機遇獲得更大的發展空間。

本文原刊於 2022 年 4 月 26 日
香港《信報財經新聞》

上調股票印花稅
削港金融地位

陳東

香港中國金融協會副主席
時和資產管理有限公司董事長兼總裁

　　新春在商界拜年時，常常聽到一句香港特有的賀語：貨如輪轉。這說明無論從事什麼行業，貨品或資產周轉率是生意興隆的關鍵所在。當用此樸素的商業智慧來審視上調印花稅後香港股市的交投流轉時，卻顯得不甚樂觀。

　　2021年《財政預算案》宣布把股票印花稅由0.1%調高至0.13%，引起爭議。支持者認為投資者看重香港證券市場競爭力和綜合優勢，印花稅加幅溫和，不會降低投資港股意欲，反而可增加政府收入，維持穩健財政狀況。

　　反對者則指出，港股交易佣金已因競爭日趨激烈和網上交易普及而降得很低，甚至內捲到個別券商祭出「一世免佣」的絕招，而港股印花稅率本來就高過其他國際主要金融市場，上調後在港股交易成本非佣金部分的比重上升至92%，顯著提高交易成本，勢必影響交投量，不利金融市場和行業發展。

　　上調印花稅自8月1日正式實施，已滿6個月，效果到底如何

呢？筆者利用公開數據作統計分析，有如下 3 個維度的結果。

▓▓ 交易量減　換手率加速放緩

一是上調印花稅後港股交易量顯著下降。2021 月 8 月至 2022 年 1 月（以下簡稱「加稅後 6 個月」），港交所主板和創業板上市股份成交總金額為 13.86 萬億元，較 2021 年 2 月至 7 月（以下簡稱「加稅前 6 個月」）的 22.34 萬億元下降 38%。或有人認為不能只簡單比較上下半年，要考慮季節性和牛熊市影響。那就再與相似市況但港股總市值較低的 2020 年 8 月至 2021 年 1 月（以下簡稱「上年度 6 個月」）的 15.74 萬億元作比較，「加稅後 6 個月」的港股交易額也下降 12%。這意味加稅後港股交易量的環比和按年比較均縮減。

二是印花稅調高後港股換手率加速降低。換手率是測算交投是否活躍更為客觀的指標，用港交所主板和創業板上市股份成交金額除以總股份市值計算港股交易換手率，「上年度 6 個月」的換手率為 35.1%，「加稅前 6 個月」為 34.5%，「加稅後 6 個月」為 31.1%，加稅後換手率降速明顯加快。

▓▓ 成本增　資金轉投A股美股

三是印花稅差距擴大導致港股交易量流失。港股有部分上市公司是在 A 股或美股二次上市或雙重上市的，而印花稅 A 股只收賣出 方 0.1%，美股則不徵收，因此投資者為節約交易成本更傾向交易 A 股或美股，印花稅差距進一步拉大後會否加劇此傾向呢？首先，選取市值前 10 家 A、H 雙重上市公司，其 A 股對 H 股的成交金額比率「加稅後 6 個月」比「加稅前 6 個月」

上升 10.4%；剔除 A、H 股價差異較大因素，其 A 股對 H 股的成交股數比率，「加稅後 6 個月」比「加稅前 6 個月」更是上漲 18.7%。

其次，再選取在香港和美國兩地同時上市超過一年的市值前 10 家公司，其美股對 H 股的成交金額比率和成交股數比率，「加稅後 6 個月」比「加稅前 6 個月」竟然分別上揚 41.4% 和 42.5%，反映上調港股印花稅，令「棄港從 A」和「棄港從美」的現象愈演愈烈。

以上數據均驗證反對加稅一方起初的憂慮，投資者確實對港股上調印花稅比較敏感，其交易行為亦隨即改變。其實這也不是香港獨有的新現象，筆者查閱有關交易稅與股市流動性的學術文獻，全球其他金融市場的實證研究顯示，因交易稅率上調增加交易成本，往往導致交易量和換手率下降，交易量會轉移至低交易稅率或無交易稅率的市場。作為開放成熟的資本市場，香港股票市場在上調印花稅後 6 個月的交投變化，也為上述研究結論增添一個實證案例。儘管「加稅後 6 個月」的數據樣本略微少一些，但即使再多看一段時間，相信最終結果也不會太偏離資本市場的基本規律。

面對這樣的現實，可能還有人認為香港股市交投量下降也沒有什麼大不了。殊不知金融市場的靈魂正是其交易流動性，資本市場主要功能就是為市場參與者提供交易機會。如任由香港股市交易成本高企，流動性每況愈下，必定弱化股市交易功能，股票估值和定價扭曲，股票價格波動性加大，進而影響投資者信心和資本市場穩定。姑且不說有足夠容量迎接大批中概股集體回歸，恐怕就連現有國際金融中心的地位都會被削弱。因此，檢視和調整股

票印花稅政策,改進和穩定港股流動性,決不是一個無足輕重的技術細節,而是事關香港金融市場穩定發展大局的問題。

股票印花稅上調 30% 半年,港股成交額環比萎縮 38%,匡算下來印花稅不增反減,與當初政策預期目標有落差,確實值得政策制定者和市場參與各方的檢視。尤其是要密切關注後續政策效果及市場影響,如上述負面效應仍持續,宜根據實際情況適時適度調整股票印花稅稅率。只有讓香港股票市場時常貨如輪轉,作為國際金融中心的香港才能長期生意興隆。

本文原刊於 2022 年 2 月 22 日

香港《信報財經新聞》

本文為個人觀點,與協會及公司無關

港發揮優勢
深化跨境經濟聯繫

祁海英

香港中國金融協會副主席
國泰君安國際執行董事及行政總裁

　　自 2014 年「滬港通」正式啟動以來，從股票、債券，到基金互認和理財產品，7 年間內地與香港跨境金融的產品種類不斷豐富，兩地合作形式逐漸拓寬，資本、技術、人才、訊息等關鍵要素加速流動，市場一體化水平持續深入、提升。

▉▉ 帶動人民幣國際化

　　隨着國家「十四五」規劃綱要的提出，《橫琴粵澳深度合作區建設總體方案》和《全面深化前海深港現代服務業合作區改革開放方案》相繼出台，粵港澳大灣區目前已經成為中國經濟最具活力、開放程度最高、創新能力最強的地區。香港作為國際金融中心，溝通內地與國際橋樑的地位愈發重要，助力人民幣國際化的作用愈發突顯。

　　2021 年 9 月 10 日，籌備了兩年多的粵港澳大灣區「跨境理財通」正式啟動；緊隨其後的 9 月 24 日，債券市場「南向通」也正式上線，繼「北向通」開通 4 年多後，為內地投資者投放境外債券提供便捷通道。該兩項政策的正式落地對於兩地互聯互通意義重

大，香港憑藉自身獨特優勢發揮所長，助力跨境金融服務揚帆起航。

　　債券市場「南向通」為內地金融機構新增一條多元、便捷的渠道，標誌着內地與國際債券市場的雙向對接完成。一方面，它是內地金融體系對外開放的關鍵一步，改善內地金融機構目前主要借 QDII 渠道而需求受限的情況，為國內投資者通過香港投資離岸債券資產提供了新的渠道，拓展了其在國際金融市場資產配置的空間；另一方面，這亦是香港與內地間金融基礎設施（例如香港的債務工具中央結算系統 CMU 與內地中央證券託管系統 CSD）之間建立起更加緊密聯繫的重要里程碑。

　　而「跨境理財通」把互聯互通計劃的範圍，從機構投資者層面擴大到個人投資者層面，大灣區內的居民個人都可以此通道直接投資離岸金融理財產品，是探索個人資本項目跨境交易的重要實踐，促進人民幣跨境使用，深化國內國際經濟互動。

為灣區注活力 添機遇

　　數據統計顯示，粵港澳大灣區目前以不到全國 0.6% 的面積，約全國 5% 的人口，創造了 12% 的 GDP，擁有 100 萬美元以上的家庭數目更佔全國五分之一，大灣區內城市對資產配置的需求殷切、發展潛力巨大。

　　互聯互通不僅進一步為大灣區居民享受優質金融服務提供了便利，推進大灣區內居民生活深度融合，也讓所有市場參與者都可搭乘大灣區發展的快車，享受灣區市場內因金融市場互聯互通和金融服務不斷完善創新，源源不

斷創造出的新機遇。

「跨境理財通」目前南北向各設每日 1500 億元人民幣額度，個人投資額度為 100 萬元人民幣，本地參與機構亦只限銀行，但作為內地首個允許普通投資者跨境投資的計劃，「跨境理財通」的啟動已經成為了中國開放資本賬不可忽視的一步。在未來，關於放開個人額度、增加投資產品類別彈性等，將有進一步深化的空間，香港身處其中可不斷擴大財富市場的輻射範圍，吸引更多國際金融機構落戶香港。

∷ 完善監管保障刻不容緩

香港在大灣區的角色是連接內地與國際的樞紐，也是中國金融市場對外的橋頭堡，互聯互通機制的持續完善，進一步鞏固了香港國際金融中心的地位與角色，增強了香港經濟穩健發展的韌性。未來可從以下 3 方面持續發力，充分發揮香港在「一國兩制」下金融體系的獨特優勢，助力跨境金融，更好地融入國家發展大局。

在「一國兩制」的制度優勢之下，屬於不同關稅區，又擁有不同法律制度的粵港澳三地，在推行金融監管制度上面臨着諸多創新及挑戰。產品多元、渠道多樣、技術多變，讓粵港澳大灣區三地資本市場在加速發展的同時，也伴隨着複雜且充滿不確定性的風險，不斷完善的金融監管制度、加強金融監管正是刻不容緩。

目前，粵港澳大灣區正以「深港跨境監管沙盒試點」為突破，由深港兩

地金融監管部門牽頭，聯合組織相關金融市場主體，達成共識、求同存異，劃定需共同遵守的最低標準。未來需要持續增強境內外資本市場監管執法合作，維護兩地資本市場的穩健運行，才能為互聯互通機制持續保駕護航。

首批 3 隻 MSCI 中國 A50 互聯互通指數 ETF 已於 2021 年 12 月中旬順利在香港上市，進一步壯大了香港市場互聯互通產品生態圈，為境內外投資者提供更豐富選擇。

香港特區政府也正把握住粵港澳大灣區為保險業帶來的機遇，迎接 8600 萬潛在消費者，計劃在內地和澳門設立售後服務中心，同時加強香港作為區內保險樞紐和全球風險管理中心的地位。未來，應持續開發更加豐富的交易標的、產品及風險管理工具，持續完善互聯互通機制。

▓ 發展FinTech 降開發成本

香港金管局與中國人民銀行 2021 年 10 月 21 日發出聯合公告，宣布雙方已簽署《關於在粵港澳大灣區開展金融科技創新監管合作的諒解備忘錄》，同意通過「聯網」方式，把人民銀行的金融科技（FinTech）創新監管工具與金管局的金融科技監管沙盒對接。「聯網」形式一經落地，兩地符合條件的金融科技公司，可在「一站式」平台上對跨境金融科技項目同步進行測試，在降低金融科技產品開發成本的同時提升推出金融科技產品的速度。

穩步推進粵港澳大灣區互聯互通，進而開展更高層次、更深程度的跨境金融服務，必須依賴金融科技與金融創新。目前大數據、雲應用、區塊鏈，

以及人工智能等新技術的高速發展，未來也必將成為訊息共享和跨境金融服務的強力引擎。

　　國家政策的扶持，粵港澳大灣區的創新理念和香港的自身優勢為互聯互通和跨境金融的發展提供堅實保障。隨着新冠疫情趨於緩和，內地與香港人員流通逐步放開，香港金融業將更好地在大灣區中發揮所長，服務國家金融發展所需，為互聯互通發展全力以赴。

本文原刊於 2021 年 12 月 28 日

香港《信報財經新聞》

沪港通

+852 3583 3388　www.htis

客戶服務中心：德輔道中199號無限枚

香港憑藉自身獨特優勢發揮所長，助力跨境金融服務揚帆起航。

灣區融合發展
港生科前景俏

楊鋒

香港中國金融協會理事
藍海資本創始合夥人及行政總裁

　　新冠疫情基本結束，香港和內地重新開關，與國際通航，再次連結全球。作為專業的醫藥健康風險投資人，筆者過去一周在港非常密集地和政府相關官員、大學校長、醫藥行業協會和科學園領袖，以及創業者進行了立體、頻密的溝通交流，感受非常深刻。在香港特區政府提出建設國際科創中心的方略下，生物科技迎來歷史性發展機遇，並已初顯成效。筆者將分別從產業和科研基礎、產業政策、資本市場和灣區國際比較的角度來闡述本港生物醫藥發展的機遇和建議等若干方面。

一、香港發展生物科技產業具有相當產業基礎和良好的基礎研究
　　能力

　　根據統計，香港 2019/20 年度醫療衞生開支 1896 億元，佔本地生產總值的 6.8%。過去 30 年以來，本港醫療開支穩步上升，1990 至 2020 年的年複合增長率為 5.6%；隨着這裏步入老年化，香港居民對醫療服務需求不斷增長。

　　本港在生物科技、醫療健康器材、醫療服務和中醫藥領域具有

相當基礎。在生物科技領域，香港有超過 250 家生物醫藥企業，涉及藥物、診斷、幹細胞和再生醫學；也有超過 160 家的醫療健康器材企業；醫療服務機構包括 43 家公立醫院、13 家私立醫院和數十家專科和普通門診。在所有香港生命健康產業的九大分類中，佔比由高至低的分別是藥物和材料（28%）、醫療和診斷設備（26%）、中藥（11%）、保健食品（11%）和醫療服務（8%）等方面。

　　香港科學園是推動本港科創和生物醫藥發展的重要載體和孵化器；截至 2022 年 6 月，科學園有超過 160 家入駐及孵化的生物醫藥科技企業。香港具有雄厚的大學基礎研究能力，有 5 家在全球排名前 100 的高校，分別是香港大學（第 21 位）、香港中文大學（第 38 位）、香港科技大學（第 40 位）、香港理工大學（第 54 位）和香港城市大學（第 65 位）；香港有兩所位列全球前 40 名的頂尖醫學院和 16 所國家重點實驗室等重要科技機構。以單個城市論，香港在生物科技基礎研究和臨床實力在全球都居於前列。

二、本港科創發展戰略推動生命健康科技產業快速發展

　　2023 年 1 月，香港特區政府創新科技及工業局發布《香港創新科技發展藍圖》（以下簡稱《藍圖》），首次系統性提出了香港未來 10 年的科技發展規劃，引發矚目。在支持香港科技轉化方面，《藍圖》提出設立 100 億港元的「產學研 1+ 計劃」，以配對形式資助至少 100 個有潛力成為初創企業的大學研發團隊完成項目；在吸引重點企業方面，設立「引進重點企業辦公室」，配合 50 億港元的「策略性科創基金」；同時整合過往投資基金，成立香港投資管理公司，統籌管理數百億港元規模的基金。

生命健康科技被列為本港科技創新的三大重要領域之一。在《藍圖》頒布之前，截至 2022 年 5 月，香港特區政府通過創新及科技基金合計資助了735 個與生命科學相關的科研項目，總金額達到 15.8 億元。

三、香港已經成為生命健康領域亞洲最重要的融資市場

港交所成為愈來愈多生物科技公司的首選上市地。截至 2022 年 12 月31 日，共有 56 家公司根據 18A 規則在港掛牌，集資超過千億元。香港已經成為亞洲第一、全球第二的生物科技上市融資地。2022 年雖然只有 8 家企業根據 18A 規則上市，但 2023 年初，市場信心逐步恢復，有望支持更多生物科技公司年內在港上市。

四、發揮香港國際優勢，開展國際科研臨床合作，緊密連結灣區內地城市發展

香港在國際臨床合作方面具有優勢，臨床數據可以獲得美國食品及藥物管理局（FDA）、歐洲藥品管理局（EMA）和中國藥品監督管理局（CFDA）的認可，共有 5 個醫院、32 項專科獲得 CFDA 的臨床實驗機構認定，為藥物研發及進入中國市場的重要平台。除了本地高校和研究機構，也吸引國際知名大學和科研機構開展合作，比如香港科技大學與史丹福大學及倫敦大學合作在港設立神經退行性疾病研究中心等。

河套地區的深港科創合作區成為大灣區科創融合發展的重要橋頭堡。香港特區政府在河套地區港深創科園內設立「InnoLife Healthtech Hub 生命健康創新科研中心」，聚焦生命健康領域的科研工作。除此之外，香港與深圳

前海、廣州南沙都建立了緊密合作的科創、金融合作機制，推動產業和金融融合發展。在 CEPA 等一系列大灣區政策的安排下，已經在港上市、臨床急需的藥物，以及醫療器械准許在大灣區內地 9 個城市指定醫療機構採購和使用；截至 2022 年 8 月，已經審批臨床急需進口藥物 20 款、醫療器械 12 款。

五、借鑑美國灣區經驗，大力發展風險投資，推動生物科技產業發展

美國是生物醫藥科技發展的第一大國，佔了全球半壁江山。參考美國的經驗，風險投資起到了重要的推動作用。舊金山和波士頓灣區的風險投資尤其活躍，風險投資的家數、總金額還是生物醫藥企業 IPO 都遠遠領先於其他美國其他地區。

儘管香港是國際金融中心，但風險投資支持本地科技發展遠未達理想水平。根據統計，香港 2021 年風險投資總額僅為 417 億元。建議港府可以借鑑內地經驗，大幅度擴大母基金（引導基金）規模，簡化風險投資在港設立條件，增加風險投資總體規模；向以色列和新加坡等國家學習，引導基金讓利與企業和市場化投資機構，發揮專業投資機構的經驗和綜合優勢，通過投資推動生物科技行業發展。

本文原刊於 2023 年 3 月 25 日
香港《信報財經新聞》

善用優勢
打造亞太家族辦公室樞紐

黃恒德　香港投資推廣署財經金融行業主管兼家族辦公室環球主管

段婷　香港投資推廣署家族辦公室副總裁、香港中國金融協會副秘書長

　　香港作為國際金融中心和全球最自由開放的經濟體之一，其世界級金融體制、完善的監管制度、資金自由流通、薈萃國際化人才和滙聚東西文化的獨特地理位置等優勢，一向吸引不少超級富豪及家族辦公室（以下簡稱：家辦）來港投資。港府去年中設立環球辦公室專責團隊專門為家辦落戶香港提供支援服務，並推出各項優惠政策促進家辦落戶。

▓▓ 屬區內領先私人財管樞紐

　　憑着在銀行、資本市場和資產管理方面的優勢，香港為來自世界各地的投資者、融資者、資產管理人、基金及金融機構，提供全方位和高質素的金融平台，既是成立企業財資中心的理想地點，亦可為家族辦公室提供專業全面的服務。

　　英國智庫 Z/Yen 集團與國家高端智庫中國（深圳）綜合開發研究院 2022 年 3 月聯合發布的《全球金融中心指數》報告中，香港的總排名維持全球第三位，僅次於美國紐約和英國倫敦。本港穩健和高效率的銀行體系提供多元化的產品和服務，同時是中國內地和

國際銀行在亞洲的最大樞紐。

香港擁有亞洲最具深度的國際資本市場，是全球最大的股票集資中心之一，也是亞洲（除日本外）第三大債券中心。香港為亞洲最大國際資產管理中心，亦是區內最大國際私人財富管理中心、對沖基金中心及第二大私募基金中心。不少企業會通過香港集中且高效管理財資活動。

作為亞洲領先的私人財富管理樞紐，全球 15 大私人財富管理公司（以資產管理規模計）都在香港設有分部，而全球百大資產管理公司當中約有 70 間已在港設有辦公室。

此外，香港是全球超高資產淨值人士密度最高的城市，每百萬名成人中，有近 1500 名為超高資產淨值人士。人數在全球城市中排名第二，僅次紐約。據業界估計，2021 年，全球有超過 61 萬名超高資產淨值人士，當中逾 27% 身處亞洲，內地則有近 10 萬名超高淨值人士。尤其粵港澳大灣區內超高淨值人士約佔全國的 20%，要全面把握區內龐大的商機，進駐香港正是邁出重要的第一步。

家族辦公室是由超高資產淨值人士成立的私人財富管理公司，負責家族資產的日常管理事務。家辦在海外經歷上百年的發展已形成非常成熟的業態。從家辦總部數量來看，北美地區擁有全球 35% 的家辦，歐洲家辦數目佔全球的 38%。在亞洲，家辦獲得愈來愈多超高淨值人士的青睞。亞洲超高淨值人士數目預計在未來 5 年增速達 33%，有望在 2026 年超越歐洲成

為全球第二大財富中心。隨着亞洲超高資產淨值人士數目大幅增加,家辦業務已成為區內私人財富管理業務的重要增長動力。

■■「三部曲」計劃吸引落戶

為更好地服務家辦及進一步鞏固香港作為亞洲領先私人財富管理樞紐優勢,在香港財經事務及庫務局與香港金融發展局的支持下,香港投資推廣署2021年6月成立環球家族辦公室(FamilyOfficeHK)專責團隊,由駐本港、中國內地(北京、上海)及歐洲(布魯塞爾)的家族辦公室專家組成,主要是透過與各行各業及政府部門緊密合作,優化家族辦公室的生態系統,進一步推廣香港的獨特優勢,並為有意在港開業及拓展的家辦提供一站式支援服務。

投資推廣署的辦事處遍布世界32個主要商業城市,各個駐外團隊與香港總部同事有緊密合作並協助家辦在本港開業及擴展業務。截至2022年6月1日,投資推廣署與專責團隊積極舉辦參與超過80場面向本地、內地及海外家辦和業界的講座、研討會及其他行業活動,以介紹香港作為家族辦公室樞紐的獨特優勢。

香港政府歡迎更多家族辦公室落戶香港,在政策上全力配合。自2020年開始推出「三部曲」部署:一是引入新的基金結構,讓私募基金可在本港以有限責任合夥形式成立;二是為在港營運的私募基金所分發的附帶權益提供稅務寬減;三是設立外地基金遷冊來港的機制,以便利及吸引基金落戶營運。

此外，財政司司長在 2022 年 2 月發表的《財政預算案》中建議，就單一家族辦公室所管理的合資格家族投資管理實體提供稅務寬免，以提升香港作為家族辦公室樞紐的吸引力，目前財經事務及庫務局已向立法會提交修訂條例草案。如修訂條例草案獲立法會通過，稅務寬減安排將適用於 2022 年 4 月 1 日或之後起計的任何課稅年度。

██ 擁「超級聯繫人」獨特定位

符合綠色環保、可持續發展、ESG（環境、社會及治理）及影響力投資的業務，愈來愈受到家族辦公室的關注。作為慈善與可持續發展金融的區域中心，香港的慈善活動網絡成熟兼龐大，慈善資產佔 GDP 的百分比冠絕亞洲。香港為公共性質的慈善機構或信託團體提供稅務優惠，根據《稅務條例》第 88 條，如其成立宗旨純粹為慈善用途，以及活動主要為該等宗旨而進行，則可獲豁免繳稅。

隨着優惠政策的相繼推出，相信香港會是家辦開展業務的理想地點，家辦可充分利用香港作為通往內地和國際市場雙向門戶的橋樑角色和「超級聯繫人」的獨特定位和優勢，把握粵港澳大灣區發展和「一帶一路」倡議帶來的商機。

本文原刊於 2022 年 8 月 23 日
香港《信報財經新聞》

2.11 港打造國際場外衍生品結算中心

朱曉軍

香港中國金融協會理事
香港場外結算公司董事
華新資本董事長

　　香港回歸祖國以來，金融業蓬勃發展，成為國際金融中心。目前，香港是全球最重要的銀行中心之一，世界最大 100 家銀行中有 78 家在港設立機構，銀行體系存款總額連續 18 年正增長，2021 年底已達 15 萬億港元；主要銀行的流動性及資本充足率遠高於國際監管標準，資金融通能力卓越穩定。香港也是全球最大首次公開招股（IPO）中心之一，2008 全球金融海嘯至今有 8 年集資規模冠絕全球。香港同時是全球最大離岸人民幣業務中心，2021 年底人民幣存款餘額 9268 億元。香港 2021 年底外滙儲備 4968 億美元，世界排名第六並維持穩定的聯繫滙率制度。香港亦是全球最重要外滙市場和最活躍衍生品市場之一，交易品種豐富、參與者類別多元、交易機制健全、全球定價特點突出。國際結算銀行最新公布的外滙與衍生品市場成交額調查結果，以場外利率衍生品計，香港全球排名第三位，全球第四大外滙市場，全球最大的離岸人民幣外滙及利率場外衍生品市場。

▉▉ 位居亞洲領先地位

　　過去二十多年，亞太機構在場外衍生品市場的參與度不斷增

加，利率、滙率、信用、股票、大宗商品相關業務迅速發展。但長期以來香港與之配套的交易後服務相對滯後，與美國紐約、英國倫敦相比，結算品種、參與者數量、結算量，以及中央結算體系建設都存在明顯差距。在多數情況下，交易發生在亞太時區，但彙集到歐美結算。綜合服務能力的短板，使得香港國際金融中心優勢尚未充分發揮。

伴隨中國市場開放和經濟發展進程，中資機構因應海外業務和風險管理的實際需求，與國際金融機構進行的場外衍生品業務不斷增加，成為市場新生力量。不過，由於 2008 年後各國加強對衍生品業務監管，強制要求標準化產品進行中央結算，或雙邊結算須遵守更高的資本和保證金要求，中資機構往往被交易對手要求到其國內監管機構認可的結算所結算，如倫敦清算所或芝加哥商品交易所結算公司等。另一方面，因各種限制，絕大多數中資金融機構至今無法成為歐美結算所的直接結算會員，只能經由身為其直接結算會員的結算經紀作為代理人結算，受制於人。

為把握亞洲時區場外衍生品結算業務商機，香港政府、監管機構和市場參與者在制度和商業層面努力開拓，已逐漸在與日本東京、新加坡、澳洲悉尼的競爭中居於領先地位。

制度方面，配合全球對金融衍生品交易監管發展趨勢，2011 年 11 月香港金管局、證監會聯合宣布對場外衍生品的監管改革計劃。2014 年 3 月修訂《證券及期貨條例》，明確階段性落實場外衍生品交易的強制性滙報和中央結算責任，隨後又訂立《場外衍生工具滙報規則》。第一和第二階段強

制性滙報已於 2015 年與 2017 年陸續生效，第一階段強制性結算在 2016 年生效，涵蓋主要交易商間的利率衍生品交易。商業層面，香港交易所牽頭在 2012 年 5 月設立香港場外結算有限公司（OTC Clear），邀請了五大中資銀行和花旗、摩根大通、德意志、巴克萊、滙豐、渣打、東亞共 12 家銀行成為創始會員及首批結算會員，2013 年獲監管機構批准成為認可結算所，正式對外營業。經過若干年努力經營，OTC Clear 成為亞洲時區領先的結算所。結算會員方面，已發展到 25 家歐美和內地、香港法人銀行。OTC Clear 是全球唯一接受內地註冊銀行作為直接結算會員的海外中央結算所，較委託經紀在歐美結算更具成本效益和自主權。OTC Clear 獲得美國、歐盟等監管機構認可，向這些地區的金融機構提供結算服務；還拓展客戶結算業務，爭取更多市場參與者使用中央結算服務，提高效率、降低風險。

▪▪ 與主流交易系統連接

　　金融科技方面，不斷改善結算平台，與市場主流認可交易登記系統連接，提供交易周期處理、抵押品及保證金結算等多種功能，同時支持遠程結算。至於風險控制，傳承港交所卓有成效的管控基礎，建立完善保證金和抵押品管理制度，實現跨產品淨額保證金計算，單一清算基金涵蓋所有資產類別，資本管理高效、減少信用額度佔用、有效提升結算會員的防風險能力。此外，不斷擴展美元和其他主要貨幣的標準化產品，從最初的利率掉期（IRS）、交叉貨幣掉期（CCS）到外滙遠期及掉期（DFX）、不可交割利率掉期（NDIRS）等，並在全球最先推出離岸人民幣利率和滙率衍生產品結算服務，成為全球唯一清算離岸人民幣掉期產品的中央結算所。在結算量上，2019 年利率衍生品達到約 2000 億美元；外滙衍生品過去 3 年更是實現年

均 3 倍的增長。

展望未來，香港國際金融中心建設面臨重大歷史機遇。在簡單低稅率、健全法律體系、自由經濟體制度、擁有國際化專業人才的基礎上，積極發揮「一國兩制」制度優勢、深度融入國家「雙循環」新格局，為香港成為國際場外衍生品結算中心提供發展動能。

∷ 發揮優勢　融入雙循環

隨着香港場外交易監管體系不斷完善、人民幣國際化進程逐步深化、中資機構市場參與度增加、香港交易所的橋樑作用及全流程服務能力提升、OTC Clear 獲得更多國家認可，都將大幅提高資本及營運效率。正在進行的利率基準改革（Benchmark Reform）、互聯互通有望發展到「衍生產品通」、地緣政治危機推動結算中心多元化，均為香港成為國際場外衍生品結算中心提供新契機，推動香港國際金融中心持久繁榮。

本文原刊於 2022 年 4 月 5 日
香港《信報財經新聞》

2.12 香港是內外循環銜接點

陳頔　香港中國金融協會理事
　　　投中集團創始人

過去兩年，全球都籠罩在新冠肺炎疫情的陰影裏。在這背後，世界的格局也在悄悄發生變化。

2020 年，中國成為全球唯一實現經濟正增長的主要經濟體，中美 GDP 總額超過世界經濟總量的 40%，中國的崛起勢不可擋。世界又一次面臨巨變，逆全球化進程在局部展開，中美兩極化的世界格局已基本定型。

這將給我們帶來更大經濟發展挑戰。世界在兩極之間必然比以往更需要「翻譯機」和「轉換器」。

■■ 香港為什麼重要？

一、香港是中國和世界連接的一個橋樑

香港作為自由港，在全球金融格局中，是極其重要的。在過去十多年裏，香港金融制度的基礎與西方體系一致，例如貨幣制度。港幣是國際性貨幣，與美元掛鈎，使得香港變成了中國與整個全球資產連接的一個非常重要的紐帶。

對內，香港之於大灣區，是內外循環的關鍵銜接點。

二、資本市場是創新最根本的支持機制

層出不窮的科技創新正在重塑全球各行各業。中國經濟發展動力正從主要依靠資源、低成本勞動力等要素投入轉向創新驅動。國家要維持中高增長速度、最終成為高收入國家，必須依靠創新來驅動增長。這就需要優化目前的金融結構，改善現有競爭體系，加快資本市場對創新經濟的引導。

參考西方，在美國歷次技術變革中，特別是上世紀九十年代以來的訊息技術創新和互聯網新興產業的蓬勃發展，資本市場都發揮了關鍵作用。可以說，沒有納斯特就沒有矽谷的今天。

以半導體產業為例。截至今年 8 月初，半導體企業的市值已經達到納斯特總市值的 8.6%，在美國 9100 億美元的風險創投資本投資規模當中，有近 5% 投入到半導體產業。

資本市場的結構更新，帶動着各類生產要素向半導體、訊息、軟件、生物等新技術領域轉移和集聚。

這樣看來，香港資本市場作為中國最重要的離岸市場，是中國科技創新企業最重要的退出和支持渠道之一。

2021 年上半年，港交所首次公開招股集資總額達 2117 億港元，按年增長 128%。按期內首次 IPO 集資額計算，香港交易所位列全球第三。2020 年全年成交量最高的 4 隻股票均為新經濟股。

在可預見的未來，於紐交所或納斯特上市的中國企業一定會減少。滴滴之後的互聯網企業赴美上市阻礙重重，美國也推遲了對中國公司上市申請的審核。

然而，中國作為全球投資者最重要的資產配置區域之一，香港交易所更是作為亞洲金融基礎設施的重要組成部分，在今後全球金融市場互聯互通的持續發展進程中，香港交易所將繼續扮演關鍵角色，為中國企業的高速增長提供融資支持。

港交所將會成為最關鍵的融資和交易場所，尤其是對大型中國公司而言。即便不考慮地緣政治因素，中國公司美國預託證券向港交所的轉移，以及其首次上市場所的轉變，會更加鞏固港交所在中國經濟結構升級過程的重要性。

三、人才資本是持續發展原動力

在過去 20 年，中國能夠發展這麼快，一大部分可以歸因到內地人力資本投資在世界上最具效率。北上廣深吸引了全中國 14 億人口中最優秀的人

才，至於香港的人才是來自全世界 70 億人口優秀的人才。

　　本港因為法治、公平的競爭環境，高效率、廉潔的政府，低稅率及簡單的稅制及自由流通的資訊，吸引了全球最頂尖的金融、科技人才。而這些人才正是持續推動資本市場、科技創新的原動力。

　　無論是對於中國內地還是西方世界，香港特區的功能一直在進化與升級，但在每一個階段，香港都起到了不可取代的作用。

本文原刊於 2021 年 8 月 24 日

香港《信報財經新聞》

2.13 跨境理財通 基金管理新機遇

趙佳音

香港中國金融協會理事
國泰全球投資管理有限公司行政總裁

2021 年 5 月 6 日，中國人民銀行廣州分行、中國人民銀行深圳市中心支行、廣東銀保監局、深圳銀保監局以及廣東證監局、深圳證監局共同發布《粵港澳大灣區「跨境理財通」業務試點實施細則（徵求意見稿）》（以下簡稱「細則」）。6 月 7 日，香港證監會副行政總裁梁鳳儀在香港投資基金公會第 14 屆年會中表示，粵港澳大灣區「跨境理財通」的籌備工作現已進入最後階段，並透露「跨境理財通」北向銷售將依託網絡平台和手機應用程式進行。

根據「細則」，「北向通」投資產品包括兩大類，其中一類經內地公募基金管理人和內地代銷銀行評定為 R1 至 R3 風險的公募證券投資基金。根據境內證監會相關管理辦法和指引，基金產品共設 5 個風險等級，按照風險由低到高依次是：R1（低風險）、R2（中低風險）、R3（中風險）、R4（中高風險）和 R5（高風險）。R1 至 R3 產品覆蓋貨幣型、債券型、混合型及部分股票型等產品。中國證券投資基金業協會統計，截至 2021 年 4 月底，境內公募基金共 7943 隻，規模 22.51 萬億元人民幣。境內公募基金管理機構是「跨

境理財通」的重要產品提供者和市場參與方。

「南向通」投資產品細則尚待港澳兩地監管機構相關政策出台。可以預計，香港的基金管理機構將在「南向通」市場中佔據重要地位。1998年3月，國泰基金作為境內首批規範成立的基金管理公司之一，公開發行境內第一隻封閉式基金。此後，境內基金市場發展迅速，成績斐然。但是，由於起步遲、資本管制等原因，境內基金市場存在着投資者更快增長、更加豐富的投資需求和投資產品供給不充分、不平衡的矛盾。例如，客戶數目和資金量遠超港澳地區，但資管產品有一定程度的同質化，產品創新尤其是外幣產品創新存在短板。

實現大灣區內市場共贏

境外資管行業起步遠早於境內，一般認為，1868年英國誕生了世界上第一隻封閉基金，1924年美國誕生全球首隻開放式基金。香港作為國際金融中心，受惠於自由的資本流動和靈活的金融創新，廣納全球資管產品和基金產品之優勢，例如可以發行投資範圍廣泛的多幣種、混合型產品。但是，香港本地理財市場的資金體量仍有待增長，亟需更多、更快地引進境內體量已經很大且快速增長的資金。同時，香港的人民幣理財產品，在總量和結構上比境內都有較大差距。

總之，在境內外資管市場的供給端和需求端存在着較多不匹配的大背景下，「跨境理財通」的推出恰逢其時，有利於互通、互補各方資源，既能為境內投資者分散和豐富持倉配置，又能使海外投資者更好地分享境內經濟和

金融發展紅利，從而實現大灣區理財市場多方共贏。

一方面，「跨境理財通」為境內基金公司引進境外投資者和境外基金創造了新渠道，有利於人民幣理財產品的全球化配置，助境內基金公司逐步打造國際影響力。港澳投資者已經面向全球開展資產配置，直接或間接地參與了歐洲、美國等海外市場。「跨境理財通」的實施，為港澳投資者增加了進入境內理財市場的新渠道，使境內基金公司的募資範圍廣泛、投資群體多元。並且，在日漸開放的投資環境下，通過「跨境理財通」，境內優質公募基金將有更多機會被港澳以及未來多個海外市場所見證，增強境內優質基金公司的國際影響力，有利於未來進一步在全球拓展理財業務。

■■ 促進境內機構增強實力

「跨境理財通」為境外基金公司引入境內投資者和境內資金打開了新大門，創造資產管理機會和投資研究動力。之前，QDII 基金是境內投資者配置海外資產的主要方式之一，但 QDII 受批步驟較繁，且額度稀缺，因此很多境內投資者可接觸境外投資目標的範圍受限。「跨境理財通」實施以後，由於南向資金的可流通性更強，未來資金量可能會更大，勢必成為境外基金增量業務的競爭重點，管理能力的認受程度也將有效地被市場資金反映，能促使基金管理機構對自我投研實力有深刻的思考與精進。

「跨境理財通」是在資本項目有限開放條件下，個人跨境投資的小範圍但很重要的試點，未來在區域上和金額上都有很大增長空間。在此預祝並相信「跨境理財通」能夠獲得圓滿成功，也希望「跨境理財通」能夠盡快落地，

早日造福大灣區個人投資者，助力打造大灣區居民優質生活圈。

　　以「跨境理財通」為新的起點，祈盼香港能更好地融入國內大循環，借力國內國際雙循環，通過創新和豐富金融產品和金融工具，為境內資本市場和金融發展做出自己獨特的貢獻。作為基金管理機構，要全力參與「跨境理財通」試點，加強與政策制定機構和監管機構的溝通、與開戶行及託管行的合作、投資者培育和保護、產品研究和開發，為「跨境理財通」的試點成功作出貢獻。

本文原刊於 2021 年 6 月 15 日
香港《信報財經新聞》

全球金礦併購活躍
港擬成資本樞紐

費翔

香港中國金融協會理事
山東黃金金控（香港）有限公司總裁

2020 年迄今，新冠疫情肆虐全球，各國不同程度的封關鎖疆，並未阻止世界金礦產業版圖重塑的步伐。如果說需求層面的「西金東移」早已勢不可擋，那麼全球金礦資源向東方資本傾斜則是大勢所趨。在金礦業併購日趨活躍的今天，中國資本正發揮着舉足輕重的作用，而香港作為國際金融中心，背靠祖國資源，把握「一帶一路」戰略規劃下世界金礦產業重塑的機遇，力爭成為金礦業併購的資本樞紐核心，是未來發展的一個重要方向。

資源，是金礦企業的生命線；資源併購，則是金礦企業加速成長的助推器。自 2016 年開始，黃金價格進入新一輪上升周期，隨着金價重拾升勢，全球金礦產業併購呈現出明顯的逐年遞增趨勢。彭博數據顯示，2019 年，全球金礦併購完成額高達 250 億美元，是 2017 年的 3 倍之多；2020 年，儘管在疫情壓力下併購量稍有回落，但併購宗數依然創下過去 5 年來的新高，高達 381 宗。

在這些年的國際金礦併購交易中，中國大型礦企作為收購方，參與度顯著提升，其中以紫金礦業集團、中國黃金集團、山東黃金

集團更為活躍。舉例而言,山東黃金在 2017 年收購了阿根廷貝拉德羅金礦,又於 2020 年以場外要約方式收購澳洲卡帝諾資源公司,進一步拓展企業的全球資源。

中國目前是世界第二大經濟體,根據 PWC 的估算,到 2030 年,中國將佔全球經濟總量的 20%。隨着中國經濟實力不斷提升,礦業升級的步伐也在加快,尤其軟實力方面,包括技術能力、管理能力、營運能力和團隊質素都在迅速成長。

因此,一方面中國金礦企業尋求海外優質資源的步伐愈發堅定;另一方面,「一帶一路」建設帶動資本的集中,更加吸引海外資源去積極地尋找東方資本,合作開發礦山資源。

在這樣的大框架下,香港的角色顯得尤為重要。

■■ 促進繁榮 聚集人才

香港作為全球金融中心,三大優勢聞名世界。第一,資本集中且自由、金融產品豐富及多樣化,是融資便利的平台;第二,稅制簡單、稅務優化、稅率低介,是交易成本可控的平台;第三,司法體制完善、司法系統透明、金融市場在有效、透明及符合國際標準的監管框架下高效運轉,是具有公信力又不乏靈活性的資本運作平台。

顯而易見,尋找海外優質礦產資源,香港無疑是資訊集中、配套完善的

訊息中心；企業因資源併購而需要配套服務和資金支持，香港更是便利且高效的融資中心。這樣一個地處亞洲中心且與內地緊密融合的城市，是金礦行業國際併購集中發生的絕佳市場。

同樣，對香港而言，首先，礦企在進行資源併購的過程中，會衍生出一系列的融資業務、投資服務、企業整合事宜，以及後續的企業人才管理，這些行為本身必然促進香港資本和金融市場的繁榮。其次，成功的併購，讓中資金礦企業不斷發展壯大，其海外平台得以快速擴充，這也能促使香港聚集更多的礦業人才，實現人才的多元化。此外，礦業併購集中在香港完成，也能加快、加深亞洲投資者對中國礦產行業的全面了解。

有鑑於此，筆者認為，香港政府應加大力度鼓勵礦業併購在港發生，吸引礦業人才在港落戶，給予礦業企業及海外平台更多的稅收優惠等政策，這在促進中西方資源整合的同時，也能進一步鞏固香港的國際金融中心位置。

▦ 後起之秀　領先世界

事實上，論及黃金行業發展，香港已經實現「期現聯動」，現貨業務上，香港金銀業貿易場已形成全面而完善的黃金現貨交易，維繫着香港與世界各地黃金市場的業務合作；期貨業務方面，香港交易所推出了多種黃金期貨及指數產品，讓黃金業務產業鏈更為完善；而在併購業務上，香港有着很大的成長空間。

從數據上看，2000 年以來，全球金礦類的兼併收購成功完成達 6024

宗，買家來自中國內地和香港的僅佔 210 宗，且集中在近年發生。未來，相信愈來愈多的併購將發生在中國買方和世界賣方之間，增速相當可期。

根據《全球黃金年鑑 2020》公布的排名，目前全球十大產金企業的前 9 名均是海外礦業公司，山東黃金集團在 2019 年以 47.9 噸的黃金年產量，位居世界第十。往前看，在現有礦山持續增產、軟實力不斷提高的同時，海外併購的持續推進也是中國金礦企業爭做世界一流的必經之路。

那麼，香港若能抓住這一全球金礦產業變革的機遇，在併購業務上取得關鍵性的地位，則有望成為繼倫敦之後，另一個國際領先的黃金市場中心。

本文原刊於 2021 年 5 月 4 日
香港《信報財經新聞》

2.15　中概股回歸
加快香港成獨角獸天堂

熊力頡

香港中國金融協會理事
百富勤有限公司高級合夥人
香港特別行政區第六屆特首選舉委員會委員

　　中國在加入世貿組織後發展迅速，近年美國對中國挑起事端，主要對抗中國崛起，作者認為無論誰當美國總統，對華政策長線不變。近期香港更成為美國針對中國的一隻棋子，美對港進一步實施針對措施的機會頗大。儘管如此，香港擁有資金自由流動、穩定的聯繫匯率和國際金融市場。作者認為香港作為中國的特別行政區，目前更是中國與外國經貿一扇雙向的窗，在中美關係長線不樂觀的預期下，這扇窗之功能將更加突出。

▦ 國際金融樞紐角色長期不變

　　香港金融業由上世紀七十年代開始發展，經過幾代人的默默耕耘，香港在亞洲乃至全球的國際金融中心的地位逐步穩固。在 2020 年 3 月發布的第 27 期《全球金融中心指數》報告，全球 108 個金融中心中，香港的整體評分為 737 分，總排名為全球第六位，繼續名列前茅。國際清算銀行 3 年一度的調查結果顯示，2019 年，香港是亞洲第二大和全球第四大外匯市場，平均每日成交金額由 2016 年 4 月的 4366 億美元，增長 44.8%，至 2019 年 4 月的 6321 億美元。此外，得到祖國大力支持，香港擁有全球最大的離岸人民幣

資金池和全球最大的離岸人民幣債券市場。

　　50 年的經驗完善了本港金融和法治制度，以及持續基礎建設發展，令國際投資者對本港金融中心充滿信心，這亦是香港作為國際金融中心發展基石，長期不變。中國改革開放以來香港一直是國際資本進入內地的橋樑，儘管內地開放力度加大，但香港作為橋頭堡角色中期維持不變。從客觀資料上看，過去 10 年，內地平均近 70% 外資從香港引進，即使去年香港社會經歷動盪，外國對香港的投資也並沒有明顯消退跡象。此外，內地赴香港直接投資與日俱增，中資股份在港股市場的影響力逐漸加大，包括股份數目（佔 51.2%）、市值（佔 78.9%）和成交金額（佔 87.1%），同時香港金融市場長期得到外國投資者參與，根據港交所《現貨市場交易研究調查 2018》，外地投資者的交易佔比為 41.15%。

　　儘管近期美國經常干預香港事務，威脅實施各類制裁，更要求其他國家選邊站，但只是雷聲大雨點小。事實上，港元匯率持續強勢和錄得持續資金流入，已反映投資者選哪一邊。由於香港金融體系與國際接軌，包含不止美國的外國持份者，相互關係密不可分。因此並不如美國如意算盤，能輕易將香港金融市場與國際脫鈎。儘管如此，無疑美國未來對香港的針對措施將帶來短期痛楚，香港經歷過大大小小的金融危機，相信背靠祖國下有能力及有方法迎刃而解。面對外部風高浪急的政治摩擦，香港金融市場內外相容的特性更為突出，發揮功能更加豐富。

　　美國納斯特股票交易所被譽為創新科技及新經濟類公司融資和引入國際

投資者的天堂。儘管中美摩擦升溫，中概股赴美上市仍然熱烈，2020 年首 10 個月，IPO 集資額已達 91 億美元，超越 2019 年的 34.3 億美元，反映中國科技企業對外資融資需求仍然熾熱。5 月，美國參議院通過《外國公司問責法案》（*Holding Foreign Companies Accountable Act*），這標誌美國決意將中概股趕離美國市場。中概股徹底離開美股市場只是時間問題，回歸港股 /A 股可謂大勢所趨。相對而言，港股市場擁有境外融資環境、上市便利制度和中外投資者結構，是中概股回歸優先選項。香港證券監管制度是國際水準，目前符合在港上市的中概股數目約 30 間，總體都是優質企業。中期來説，現有中概股回歸港股將是活躍和改變港股結構的第一步。

∷ 兩股新力量推動轉型

另一個支持港股金融市場轉型因素，是吸納所有中外獨角獸融資市場。長期來説，預期中美大國博弈將持續一段時間，未來中國企業有機會因美方在內地審計資料上諸多留難而變相窒礙內地企業到美國上市。有見及此，作者認為港股有關機構近期亦作出表態，設立恒指科技指數（又稱港版納指），表面目的是回應市場對科技類股份指針的要求，深層次的意思是告訴市場，不單未來港股市場將解決大部分中國獨角獸融資上市需求，甚至來自世界任何國家，希望吸納中國投資者的獨角獸也歡迎來港上市，未來設立的「新股通」將提供南下資金打造新的管道，讓外國企業引入中國投資者。

回顧港交所早於 2018 年 4 月修改上市制度，容許未錄收入、盈利生物科技公司上市，以及採用不同投票權架構的新經濟公司來港上市等，正正是為了港股轉型和改變世界融資生態的前期工作。改革至今港交所已錄得超

過 80 家新經濟公司掛牌，其中阿里巴巴（09988）更成為當年全球最大的上市發行計劃之一。今年中概股繼續回港二次上市，網易（09999）、京東（09618）、中通快遞（02057）、百勝中國（09987）等繼續支持香港新股市場。根據市場消息，百度或會趕及年底前來港上市，為港股一級市場再下一城。

值得一提，根據《2020 胡潤全球獨角獸榜》，全球十大獨角獸當中，6 個來自中國，除螞蟻集團和字節跳動以外，還有滴滴出行、陸金所、快手和菜鳥網路，中國的獨角獸數量達 227 家，已追近美國的 233 家。北京擁有 93 家獨角獸企業，成為全球獨角獸之都，遠遠超過美國三藩市的 68 家。目前港股對於新經濟股上市制度逐步成熟，投資者風格亦逐步跟隨，惟港股結構上（數目和市值）新經濟股佔比還有上升空間。正如港交所最新戰略方向「立足中國、擁抱科技、連接全球」，相信不久將來，香港中外交滙金融市場的優越性將在新經濟科創獨角獸界呈現主導地位。

本文原刊於 2020 年 11 月 24 日
香港《信報財經新聞》

第二章

新經濟與
新金融

全方位發展
香港金融科技

陳凱

香港中國金融協會副主席
安永中國主席
安永大中華區首席執行官

　　國家《十四五規劃綱要》確立了香港在國家整體發展中的角色和重要功能定位，支持香港一如既往推進國際金融中心的持續發展，並建設和發展成為國際創新科技中心。香港擁有發展成熟、交投活躍、參與者眾的金融市場，亦是唯一能夠連接內地龐大市場的國際城市，而且具備優厚條件發展成為金融科技（FinTech）的亞太區樞紐，把傳統金融服務擴大至孕育金融科技、創新服務的國際中心，這將會是香港未來數十年持續發展的新亮點。

　　當前亞太區內多個城市對金融科技發展的投入積極進取，香港面對這些競爭不容忽視。香港的金融監管體制在不同領域分屬不同機構獨立運作，有業界反映於港研發金融科技項目在籌備和合規方面所需的成本和時間較多，加上近年人才短缺，兩者都削弱了本地發展金融科技項目的競爭力。

▓▓ 設跨界別監管沙盒　滿足需求

　　目前香港的金融監管架構，是按資產類別或活動性質分別交由金管局、證監會、保監局監管。就金融科技項目而言，並未有特定

的監管架構及相關法規。隨着科技應用的普及，未來將會有相當數量跨監管界別的數字化新金融服務產生，現行法規可能存在監管缺失或規則的衝突，影響未來數字金融發展的創新，因此需要在監管架構上有相關協調制度的支持和創新。

金管局、證監會及保監局亦已分別推出沙盒，讓金融機構及其科技夥伴可在毋須完全符合監管規定的環境下，試行金融科技項目，以便對新產品作出修改，減低開發成本。建議香港推動各金融監管機構聯同創科署，推出「跨界別金融科技產品監管沙盒」，滿足市場對金融創新的日益需求。

消費者或會發現，香港的金融服務在過去 2 至 3 年因為「疫情所迫」的緣故，加速了金融的數字化應用。例如，疫情爆發初期的社交距離措施令保險代理不能面見客戶銷售，因此與監管機構商討後，「遙距投保」應運而生。香港的金融監管需要具前瞻性，與服務供應商和市場參與者走在消費者前面，如此定能令香港的金融科技發展領先同儕。

▋▋ 教育公眾　打造數字化社會

為鼓勵更多創新項目在港落地，香港需要為數字金融發展制定一套全面的戰略定位和相關架構，為有意投入金融創新的投資者及金融機構提供「一站式」平台，便利投資者、創業公司、科技研發、人才引進更有針對性，令投入更有效率，節省金融與科技結合產生效能所需的時間和成本。

香港要建設成為國際創新科技中心，僅僅發展技術並不足夠，金融科技

的本質是應用，需要與消費者的生活結合。根據《安永環球金融科技應用指數》（*EY Global FinTech Adoption Index*）報告，香港、新加坡和南韓的金融科技應用率約為 67%，中國內地則領先亞太區各地，達到 87%。內地消費者對金融科技應用的接受程度遙遙領先。

在應用及普及層面，香港更需要推動公共金融科技教育，為未來打造數字化社會。例如增加金融科技應用場景，演繹數字生活的日常，方便大眾認識和了解。此外，更可以讓市民認識數據保護與電子支付的生態系統運作，以免大家停留在害怕洩露隱私的起始階段。又例如向大眾講解區塊鏈的技術應用可遍及跨境支付、貿易、理財，加快核實金融交易，提高透明度，創造經濟和社會價值。

香港最大優勢是其國際化和高度開放的金融市場，但我們要解決金融科技人才缺口的問題，其中之一是把人才和城市長遠發展對應起來，技術人才的創意和投入需要生態系統支撐，即社會對新事物的接受和應用。技術人才能夠為其新研發成果找到本地市場，快速獲得市場反應，會大大提高人才留港發展的吸引力。因此，需要加快普及數字化技術的應用。

利用大灣區開放程度高、經濟活力強的優勢，以及建設「跨境理財通」的基礎，為金融創新、金融發展締造更大發展空間和市場潛力。事實上，香港與大灣區內各城市都擁有各自優勢，加強合作可以達致強強聯手的效果。香港作為悠久的國際金融中心，在法治、知識產權、研發能力方面都較能吸引外國資金投資，而深圳則擁有雄厚的應用研發能力和經驗、具競爭力的營

運成本。香港應加強與粵港澳大灣區各城市的融合和協作，結合眾城實力，吸引海外資金和人才，共同打造國際創科樞紐。

　　數字資產、金融科技、金融創新是未來發展趨勢，香港應以更包容的態度接受新業態發展，充分發揮包容開放的國際金融中心角色。

本文原刊於 2022 年 10 月 4 日
香港《信報財經新聞》

3.2 Web3 投資漸入主流

羅佳斌

香港中國金融協會副主席
鼎亞資本（Dymon Asia Capital）總裁兼合夥人

　　2021 年風險投資（VC）最熱門的領域是區塊鏈、Web3（第三代互聯網），以及元宇宙。摩根士丹利的研究顯示，這批公司全年成功融資超過 1800 次，融資總額達 300 億美元。這是一個保守估計，因為它只統計了傳統法幣換股權的投資，不包括代幣（token）投資。截至 2022 年第一季度，估值超過 10 億美元的行業獨角獸已經從 2021 年初的 9 家增加到 62 家。

　　進入 2022 年的 5 月，全球投資放緩，比特幣暴跌，加密貨幣正步向一個漫長的冬天，但是區塊鏈相關的投資卻依舊繁榮。

　　僅 5 月下旬，就有以色列區塊鏈擴展性解決方案零知識技術公司 Starkware 以 80 億美元的估值融得 1 億美元，比 6 個月前的上一輪估值高出 400%。另外再有美國區塊鏈資料公司 Chainalysis 在由新加坡主權基金 GIC 和黑石領投的融資中籌集了 1.7 億美元，估值從一年前的 40 億美元翻倍至 86 億美元。香港 3 年前成立的數字金融服務提供者 Babel Finance 也以 8000 萬美元的融資到達 20 億美元的估值，躋身獨角獸行列。

當主流媒體的關注點還在 「加密貨幣大漲大跌」的同時，VC 正在忙着用真金白銀布局他們對區塊鏈行業的預測：他們認為，互聯網下一代 Web3 將要到來，而 Web3 有很大潛力可能推動人類文明一次跳躍性的發展。

▓ 由區塊鏈支撐 衍生元宇宙

Web3 可定義為一個去中心化、用代幣進行協調、由建設者和用戶共同擁有的互聯網。不同於今天以各大科技巨頭為中心的 Web2，Web3 資料的所有權掌握在使用者手中，由此產生的經濟效益也會以更加合理公平的方式進行分配。區塊鏈是 Web3 的底層技術支撐，元宇宙可以看作 Web3 的上層應用的一種早期嘗試。

Web3 的核心邏輯與 Web2 有本質性的不同，需要我們盡可能擺脫過去的慣性思維和舊有觀念束縛，去觀察、思考和理解這個日新月異的領域正在發生的一切。聚焦 Web3 相關的獨角獸企業，目前最多的是區塊鏈基礎設施構建類公司，例如去中心化存儲、代碼安全、鏈資料分析，以及各種公鏈擴展方案。其次是元宇宙，比如滙豐買地的 Sandbox 虛擬世界，摩根大通建造虛擬大廳的 DecentraLand。再次是各類金融服務類公司，包括交易所，數位資產金融機構和他們的服務商。區塊鏈遊戲也吸引了很多投資，遊戲入門的門檻低，或成為普通使用者進入 Web3 的媒介。其他還有很多 Wcb3 原生的應用（Dapps），比如去中心化自治組織（DAO），以及服務於 DAO 的一系列工具。又如 Mirror 這樣的寫作平台，允許作者保留所寫文章的所有權並將其資產化。

現在仍然處於 Web 3 發展的早期階段。乙太坊活躍使用者大約有 700 至 5000 萬，這和互聯網 1995 年的情形相似。 在那一年，備受矚目的 Netscape 公司成立 16 個月後發起 IPO，當時他們主導了瀏覽器市場，市場佔有率超過 90%。Netscape 的股票在交易的第一天就以 29 億美元的市值收盤，「Netscape 時刻」這一説法就此誕生——描述一個高度引人注目的 IPO 時刻，預示着一個新行業的曙光。那時，互聯網基礎設施正處於起步的階段，56k 的數據機在 1996 年推出，下載 1GB 資料需要近兩天的時間，而今天僅需要 32 秒。

一個顛覆性的新行業發展之路必定坎坷，Web3 尤其如此。第一，Web3 去中心化的核心理念和其自帶的加密屬性或與現在的監管框架存在着衝突。出了問題時難以追責到個人，還會給犯罪分子留下鑽法律空子的空間。當每個使用者都可以匿名生產及控制內容時，如何處理傳播非法內容、網絡謠言也是必須解決的問題。第二，加密代幣是 Web3 專案激勵用戶和建設者價值分配的關鍵載體。但是代幣很容易被投機者利用，輕者引發劇烈的價格波動，「割韭菜」，重者甚至是赤裸裸的龐式騙局。在 Web3 短短的發展史上，幾乎每個月都有騙局被揭露。

▟ 監管與創新要取得平衡

去中心化的應用一旦受到攻擊，損失往往更難以挽回。監管是必要的，但過度監管可能扼殺創新，導致人才流向其他國家。引用美國國會議員 Anthony Gonzalez 的説話：「Web3 的潛力是巨大的，我們現在可能犯的最大錯誤是急於對一個新興行業進行過度監管」；監管與創新中間，有必要

把握一個平衡。美國國會在 2021 年提出了 35 項關於區塊鏈行業的法案，但是從 VC 資料可以看到，美國公司的市場融資份額已從 2018 年的 20% 持續增至今年的 70%。

目前大多數國家對監管持謹慎的態度，但也有少數國家希望藉此機會積極成為 Web3 的前沿領導者。 例如，2022 年 2 月，杜拜設立虛擬資產監管框架，積極推動杜拜成為領先的數字資產中心。5 月，杜拜新設立的虛擬資產監管局（VARA）成為第一個在元宇宙領域的監管機構，還建立了元宇宙總部。

本文原刊於 2022 年 6 月 14 日
香港《信報財經新聞》

3.3 金融業助華早日實現「碳中和」

林涌

香港中國金融協會副主席
海通國際副主席兼行政總裁

2020 年 9 月，國家主席習近平鄭重向世界宣布，中國將力爭在 2030 年前實現二氧化碳排放達到峰值、2060 年前實現碳中和。此舉意義重大，對中國未來 40 年（尤其是接下來 10 年）的經濟成長、產業結構、技術發展路徑、商業模式，乃至生活方式都會產生深遠影響，也給中國金融業帶來巨大機遇。中資金融機構應立即行動起來，助力早日實現這一目標。

中國實現 2030 年「碳達峰」、2060 年「碳中和」的目標（以下簡稱為「30/60 目標」）任務艱巨，時不我待！

▓▓ 全國10年內碳強度須減35%

按照今後 10 年實際 GDP 年均增長 5% 估算，中國的經濟總量在 2030 年將比 2020 年擴大 63%；而按照「碳達峰——碳中和」的最佳路徑測算，2030 年達峰時，中國的碳排放總量相比 2020 年不能超過 5%，否則在其後 30 年內要把碳排放從峰值下降到「淨零排放」（即實現碳中和）將極其困難。這意味着，今後 10 年，中國經濟的碳強度（即每單位 GDP 產生的碳排放量）必須大幅度下降

大約 35%，才可能實現「30/60 目標」。

在這一背景下，各行各業都必須立即行動起來，通過採取節能減排措施、改變商業模式與生活方式、投資新能源技術與產業、開發「碳捕獲」及「碳儲存」技術、強化碳排放配額制度、完善碳交易體系等手段，加速步入低碳發展的道路。

在此過程中，中國金融部門應發揮引領作用，盡早實現自身的碳中和，同時借助自身作為融資中介的特殊地位，踐行「影響力投資」，推動其他部門節能減碳，盡早實現全社會的碳中和。

金融部門碳強度低、財務實力強，完全有能力在 2030 年甚至更早實現碳中和。據保守測算，中國金融部門在全國碳排放總量中的比例應該不超過 0.3%，遠低於佔 GDP 的比例（7.7%）。

假定金融機構將所有碳排放都通過購買碳信用來實現碳中和，按照 2020 年國內碳交易所的成交價格測算，全年碳中和的成本最高不超過 24 億元（人民幣·下同），尚不足金融業 GDP（約 8 萬億元）的萬分之三。如果金融機構通過節能降耗、使用可再生能源等方式直接或間接減少碳排放，它們需要購買的碳信用將更少，成本將更低。

因此，我們倡議中國金融部門在 2030 年前實現碳中和，比全國目標早 30 年！作為中資海外投行的領頭羊之一，海通國際已於去年 12

月宣布，將在 2025 年前實現碳中和，以實際行動助推中國實現「30/60 目標」。此舉不但有可能引領更多有條件的部門和企業加入提前實現碳中和的努力之中，而且會增加對碳信用的需求，推高碳交易價格，對市場參與主體（碳排放企業、新能源相關企業等）形成更強大的激勵，促使他們更廣泛、更深入地應用綠色科技來減少排放，以降低排放成本（購買碳配額或碳信用的成本）或增大減排收益（出售碳配額或碳信用的收入）。更高的碳價也會激勵更多經濟主體主動採用綠色技術，並積極參與到碳交易之中，令全社會走上一條充滿正向激勵、可持續的碳中和之旅。

▊▊ 銀行券商可幫其他界別達標

　　除了實現自身的碳中和之外，作為融資中介，金融機構更應努力幫助和推動其他行業盡早實現碳中和。

　　例如，商業銀行可通過發放綠色貸款、券商可通過承銷綠色債券來幫助能源、工業、建築、公共事業等行業進行綠色減碳相關的融資，並對那些高排放企業（如煤炭、煤電企業等）在融資額度及融資成本等方面採取更嚴格的標準（甚至拒絕提供融資）；資產管理公司可通過設立碳基金、發行綠色低碳主題的股債基金或 ETF 來幫助投資者篩選綠色投資目標，並將募集資金直接提供給相關的綠色企業（通過產業基金、風險資本、認購新發行的股票或綠色債券等方式），或投資二級市場標的、通過價格機制對企業的減碳行動提供激勵；保險公司也可通過類似的「影響力投資」模式，運用自身管理的龐大資金，對投資標的形成直接或間接的減碳激勵與排放約束。

　　金融機構亦可積極參與碳市場的交易，增強中國碳市場的廣度和深度，推動形成全國統一的價格發現機制；開發、創新碳金融衍生品（如碳期貨、碳期權等），給市場參與者提供必要的風險管理和對沖工具，幫助市場形成對碳資產的中長期價格預期，以便各類經濟主體據此制定碳中和的中長期規劃。

本文原刊於 2021 年 2 月 2 日
香港《信報財經新聞》

3.4 港金融科技發展 逆境生存之法

祁海英

香港中國金融協會副主席
國泰君安國際執行董事及行政總裁

金融科技浪潮席捲而來。根據浙江大學互聯網金融研究院司南研究室發布的《2020 全球金融科技中心城市報告》（*Global FinTech Hub Report 2020*）顯示，北京、三藩市、紐約、上海、倫敦、深圳、杭州、芝加哥共 8 座城市為世界金融科技發展第一梯隊，中國內地已成為世界最大和最成熟的金融科技市場，而香港目前僅位列榜單第十。

今年以來新冠疫情肆虐，大量金融科技企業，尤其是初創專案面臨融資大幅回落、資金短缺、人才流失等問題。特殊的時代環境之下，香港如何藉粵港澳大灣區發展的契機，加強與內地科技創新體系的融合，發揮與大灣區內其他城市的比較優勢，成為突破自身市場局限、逆境生存的關鍵。

▦ 助新興公司擴充　成國際樞紐

雖然近一兩年香港金融科技發展步伐加快，例如 2019 年香港金管局發出虛擬銀行牌照、推出快速電子支付系統；2020 年香港有逾 600 間金融科技公司和初創企業，政府不斷推進金融科技調研、積極推動金融科技的使用和發展，但總體來看，香港本土的金融科

技企業實力業務範圍以本地為主，市場空間較窄、業務實力有待增強。

根據畢馬威全球金融科技與金融科技投資公司 H2 Ventures 公布「2019年 FinTech100」全球金融科技公司百強名單，入圍前十的金融科技企業分別為：螞蟻金服、Grab（新加坡）、京東金融、GoJek（印尼）、Paytm（印度）、度小滿金融、Compass（美國）、Ola（印度）、Opendoor（美國）與 OakNorth（英國）。延續前幾年的趨勢，中國在前 10 名中強勢拿下 3 個名額，香港只有金融科技企業 WeLab 排名第 35 位。

香港因本身市場局限，發展 B2C 金融科技的限制較大；但作為中國內地連接國際的重要港口、擁有規模龐大的金融業基礎，開展 B2B 的金融科技是一個重要突破口。借助粵港澳大灣區發展機遇，吸引大灣區內有意面向亞太地區、乃至國際拓展業務的新興金融科技公司，選擇香港作為發展基地，建設國際金融科技樞紐順理成章。

2018 年底，香港資產及財富管理業務的管理資產總值已達 24 萬億港元，在 2013 年至 2018 年 5 年期間，香港的高資產淨值人數大幅增長23%，香港的億萬富翁（超高資產淨值人士）人數於 2019 年全球排名第二，除服務本地客戶外，超過一半在香港所管理的資產來自非本地投資者。同時，香港是全球最人規模的離岸人民幣業務樞紐，擁有全球最大的離岸人民幣資金池。

運用好財富管理和資產管理這一優勢，香港在財富科技和投資科技方

面未來可期。一方面,在加強資料私隱和網絡安全保護的前提下,利用數碼科技提高財富管理和投資效率,透過不同形式的科技整合和應用,以金融科技驅動財富管理創新。另一方面,香港政府需要不斷更新策略以應對財富科技、投資科技崛起後監管環境的快速變化,為鞏固香港財富管理中心的地位保駕護航。

▦ 推動跨境合作　補人才缺口

香港擁有一流的金融服務市場、健全的司法與智慧財產權制度,以及高質素的金融從業人員,但科技人才方面,比起一河之隔的深圳仍有大量欠缺。人才是香港金融科技發展的最大挑戰,如何吸引更多科技人才、令香港同時配備金融和科技人才,是香港打造國際金融科技中心的關鍵。

作為中國改革開放的先行地,深圳已彙集中國頂尖的金融科技創新實力,但香港在全球市場的競爭中也仍具有優勢,加以充分利用,推動青年金融科技人才的跨境交流合作,以實現香港人才結構均衡,填補科技人才缺口。

香港應充分發揮其國際化優勢,以更加優厚的待遇等條件鼓勵科研人才落戶,同時本地各大高校持續吸引優質生源,培育相關金融科技類人才。香港政府可繼續為青年在創科和金融科技領域創業提供免費專業諮詢、免費孵化服務,建立創新基金資助科研與開發,提供公司和個人入息稅階段性豁免、入駐科技園辦公場地租金折扣等政策支持。

　　2020 年一場突如其來的疫情給全球經濟帶來重創，但每一場動盪與挑戰中也都蘊含着機遇。大灣區發展過程中，現有的傳統金融機構與新興金融科技公司間的關係變得更為緊張，但這其中也孕育着另一種雙方互利共贏的可能性。把握發展機遇，發揮自身金融優勢與內地科技優勢良好結合，廣納人才，香港可望在逆境中突圍而出。

本文原刊於 2020 年 9 月 15 日
香港《信報財經新聞》

3.5 人類智慧融合 AI
資管行業上台階

張霄嶺

香港中國金融協會副主席
華安基金管理有限公司總經理

1997 年，IBM 超級計算機深藍戰勝了人類頂級大腦的代表、國際象棋冠軍卡斯珀羅夫。這是人工智能（AI）機器第一次戰勝人類冠軍。2016 年，谷歌旗下的 AlphaGo 在五番棋中完勝圍棋天王李世石。這些新聞事件引發了人工智能取代人腦的輿論浪潮。

AI 高速發展勢不可擋。根據史丹福大學研究，1998 至 2018 年，全球 AI 論文發表量增長 3 倍，佔所有論文 3%。在雲計算運算力大幅提升的推動下，訓練一個 AI 圖片數據庫和模型的運算時間，從 2017 年的 10 小時 41 分，快速縮短到 2019 年的 88 秒；計算成本亦顯著下降，93% 準確率對應的訓練與計算成本，從 2017 年 10 月的 2323 美元，大幅降低到 2018 年 10 月的 12 美元。

計算能力和成本的顯著變化，為 AI 在金融行業的深度應用創造了基礎條件。吸納新客戶、風險控制和場景化搭建等業務環節，已經可見 AI 應用的效果。在投顧業務方面，AI 分析客戶需求後，可以輸出「千人千面」的投資建議；在資產管理最核心最關鍵的投資決策環節，AI 擁有巨大的應用前景，如應用大數據技術的 AI 選股基金，

在全球市場已有積極實踐。

那麼，投資的未來，究竟是屬 AI（Artificial Intelligence），還是 HI（Human Intelligence）？

　　華夏基金（香港）對全球金融科技技術的發展動向保持高度敏感，在中資機構中較早開始 AI 應用的探索，並逐步向投研決策、產品研發各環節滲透。經過多年的實踐，我們的結論是：在投研決策的整體框架中，AI 和 HI 都是有機融合的組成部分，二者是相互促進而不是對立矛盾的關係。

　　投資決策的門派有很多，但本質上都是對市場訊息處理的過程，通過對市場數據的整理、篩選、分析和定性，給予資產正確的定價。但在網絡時代，訊息高速傳播，同時也產生訊息泛濫的問題，基金經理處理海量訊息的能力存在上限。AI 在海量訊息的收集、比對、處理上，不存在天花板，能夠不知疲倦地全天候運行，且不受主觀認知偏差影響，最終輸出全面客觀的數據參考，能夠極大程度分擔基金經理主動決策的壓力。可以說，AI 是 HI 的強而有力幫手，引入量化和 AI 技術後，華夏基金（香港）的主動管理能力得到提升，投研決策效果得到明顯增強。

換個角度來看，HI 又能給 AI 帶來什麼呢？

　　基於沉澱多年的 A 股主動投研管理經驗，華夏基金（香港）在 2017 年推出人工智能中國股票策略。這是一個在真正意義上全部使用人工智能引擎選股的策略。這模型覆蓋 3000 家上市公司財務報表、2 萬個分析員報告、20 年的價格和交易數據。數據的分析過程不僅包括財報、市盈率、市銷率、

市賬率等基本面指標，也包括宏觀因素，甚至市場情緒，多角度全方位篩選出 30 至 50 隻中國 A 股市場最具投資價值的公司。這策略的良好運行說明，AI 特別適合處理海量數據，發現統計規律，捕捉定量趨勢，7×24 小時不間斷運行，可承受的工作強度遠超人腦。

如此龐大的訊息處理，體現了 AI 機器學習的強大，但模型研發的邏輯語言，其實是主動管理智慧的凝煉，是華夏基金（香港）的基金經理們沉澱多年的交易經驗，以及投資價值判斷的標準。AI 學習能力比 HI 更強大，但學習的依然是 HI 的精華。此外，華夏人工智能中國股票策略的運行，包含了人工風險管理環節，HI 負責檢查基金運算過程是否順暢，監測換倉是否順利，以確保 AI 始終能夠以正確的方式思考。

可以說，AI 是 HI 的補充與延伸。從這個角度說，AI 的深度應用給華夏基金（香港）帶來的，不只是一隻純 AI 的基金，而是對整個投研體系的智慧賦能，以更高的智能化水平應對複雜的市場變化。

AI 在投研決策中的成功實踐，並不代表 AI 已經可以完全取代人力。比如全球首隻使用 AI 模型實現人工智能選股的基金 AI Powered Equity ETF，在 2018 年美股市場大幅波動中，曾經出現跌幅遠超標普指數的現象。2020 年 2 至 3 月份美歐股票市場劇烈下跌，很多量化基金損失慘重，體現了量化和 AI 應對金融市場極端複雜變化時的不足。

從技術路徑看，目前 AI 技術仍是一個黑盒，機器學習可以構建訊息之

間的相關性，還不能解釋因果關係。投資決策是一項非常複雜的系統性思考工作，人類大腦在長期趨勢定性和方向性選擇這類重大決策上，仍具有不可替代的價值。投研主動管理的意義在於搭建投研邏輯體系框架，在更高層次、更長期趨勢層面，進行重大方向性決策。基金經理和研究員們的豐富投研實踐經驗積累，以及對市場邏輯的非線性思考方式和宏觀政治經濟形勢的判斷，AI 無法替代。

如果說人類思考的特點是「以簡至繁」和「以繁至簡」，AI 優勢就是「以繁至繁」。人類大腦建立邏輯體系的能力，與 AI 對海量數據不間斷的處理能力，可以互為依仗和結合。我們相信投資管理的未來屬人類傳統智慧和智能科技的深度融合。這是全球資管行業的發展大勢，必須全力投入訊息時代的潮流中。人類所擅長的邏輯分析、長期決策與機器學習的海量數據分析能力融合，將推動資管行業更具智慧。

本文原刊於 2020 年 4 月 28 日
香港《信報財經新聞》

3.6 ESG 責任投資理念邁向主流

香港中國金融協會副主席
鼎亞資本（Dymon Asia Capital）總裁兼合夥人

　　近年來，金融圈裏愈來愈多談起社會責任投資和綠色投資的話題。以環境（E）、社會（S）和公司治理（G）為核心的 ESG 責任投資也正式作為一種新興的投資策略進入投資行業的詞彙庫。社會責任投資的概念早就有了，比如有宗教、社會團體早在七八十年代就開始將煙酒、賭博、軍火等與其教義信仰相悖的行業，排除在投資範圍之外。但是在很長一段時間裏，這類投資機構仍然是少數。現在的 ESG 責任投資卻不一樣，ESG 責任投資正在全球範圍內邁入投資業的主流，這一大趨勢將不可逆轉。

▪▪ 簽署機構每季遞增

　　聯合國責任投資原則組織（UNPRI）目前是推動責任投資運動的全球喉舌。截至 2019 年 6 月，已經有 60 多個國家及地區共 2450 家機構成為 UNPRI 簽署成員（包括中國的 29 家）。截至 2018 年 8 月，其覆蓋的資金規模已達 82 萬億美元，佔全球託管資產總量一半以上。簽署機構的數量仍然每季度持續增長。

　　據全球可持續發展投資聯盟（GSIA）統計，2018 年將 ESG 因

素正式納入投資決策的全球資產管理總額已達 17.5 萬億美元，兩年實現了 69% 的增長。3 年間發達國家資本市場融入 ESG 投資理念的資產規模都有兩位數的年均增長率。美國為 38%、澳大利亞、紐西蘭為 16%，日本則高達 307%。歐洲發展 ESG 最早，所以基數最大，但也有兩位數增長 11%。在香港，多數有國際機構客戶的基金公司，這兩年相信也都被問起過公司對 ESG 的看法和策略。

ESG 責任投資漸入主流是全球各國大批社會團體以及金融市場參與者獨立自發行動，「自下而上」推動起來的。這也是為什麼 ESG 的大趨勢將勢不可擋。推動 ESG 投資概念的原動力來自新一代的現代人。相比老一代（baby boomers），千禧一代（millennial）和「X 一代」（出生於二十世紀六十年代中期至七十年代末）對人類社會的可持續性發展比他們的父輩更為關注。隨着新一代逐步取代老一代成為勞動大軍主力並逐漸進入管理層，代表他們利益的各種養老基金、捐贈基金、慈善基金，包括主權基金紛紛將 ESG 責任投資納入投資章程。美國大型投資機構 American Century Investments 調查稱，美國 90% 的養老金計劃都提供或者計劃提供 ESG 相關的投資——因為他們的員工有需求。全球最大的養老基金，日本政府養老投資基金（GPIF）2018 年宣布，GPIF 擁有的全部 1.5 萬億美元的資產，其投資過程中百分之一百都考慮了 ESG 因素。當中 330 億美元資產進行了 ESG 指數投資。

來自投資者的需求自然地推動了監管機構、上市公司和基金行業對 ESG 的重視和發展。目前大部分國際金融市場都已經出台，要求上市公司披露

ESG 資訊的政策和法規。例如，歐盟議會 2014 年通過的披露非財務資訊的法案、美國證券交易委員會於 1993 年頒布《92 財務告示》、香港交易所 2015 年底修訂了早年發布的《環境、社會及管治報告指引》，要求上市公司指引將 ESG 資訊披露的原則改為「不遵守即解釋」（Comply or Explain）。中國證監會也宣布將在 2020 年 12 月前強制要求所有上市公司進行環境資訊披露。高盛發布的 2018 年回顧稱，標普 500 指數所有上市公司的 2017 年業績文稿中，有近一半的公司提到了 ESG，相比於 2010 年，有 74% 的增長。

政府大力支持與推動

以 ESG 概念為主題的新基金也愈來愈多。據高盛統計，全球 ESG 主題公募基金和 ETF 的資產規模在 2017 年實現 29% 的增長（2016 年增速僅為 10%），其中 ESG ETF 產品 250% 的增長是值得關注的一個重要資料。當 ESG ETF 規模大到一定程度，將會系統性地推動 ESG 評級高的公司的股價，減低這類公司的融資成本。到那一天，全社會從公司高管、投資者到政府決策人都會把 ESG 放在較重要的戰略地位。

在中國，ESG 發展起步較晚，但得到了政府大力的從上到下的支持和推動。中國政府推動責任投資的重點是環境（E）。2015 年，在中國人民銀行支持下，中國金融學會首先提出系統性地構建綠色金融政策體系的建議。隨後「十三五」規劃綱要明確提出「建立綠色金融體系，發展綠色信貸、綠色債券，以及設立綠色發展基金」。

隨着中國經濟轉型的深入以及資本市場對海外資金的進一步開放，ESG

責任投資的發展將會融合政府從上到下的政策支持和金融市場從下到上的自主推動，駛入快車道。不管是上市公司還是基金公司，在不久的將來，ESG策略會從被動的「不得不做」轉變為主動的「一定要做好」。

本文原刊於 2019 年 12 月 3 日

香港《信報財經新聞》

港虛幣政策
拉動行業復甦

王秉中

香港中國金融協會理事
Metalpha Ltd 首席執行官

許多人認為，2022 年是虛擬資產歷史上最動盪的一年，眾多圈內交易平台巨頭紛紛倒下，給行業蒙上了陰影。在後疫情時代，美國聯儲局加息不斷、俄烏戰爭、全球經濟下行，再加上監管不確定性，加密行業未來發展前景受到投資人前所未有的質疑。

▓▓ 財爺宣言吸引更多公司進駐

在過去的一年裏，各國均趨向收緊對虛擬資產的監管。一向被認為是亞洲加密貨幣市場中心的新加坡，在穩定幣 UST 脫錨、三箭資本破產、FTX 爆雷的三重打擊下，宣布加大對散戶交易的保護。新加坡金融管理局（Monetary Authority of Singapore）局長孟文能表示，新加坡不願成為加密貨幣的交易和投機中心。

而中國內地早在 2021 年 9 月就宣布嚴格禁止虛擬貨幣交易，迫使包括幣安（Binance）在內的多家交易所全面停止內地業務。

截至 2022 年 11 月，香港政府嚴格的牌照許可模式和高額的資金門檻，使得眾多加密貨幣公司猶豫不決。為提升香港在國際金

融中心的競爭力，財政司司長陳茂波在是年 11 月舉行的香港金融科技周提出，向「全球業界展示我們推動香港發展成國際虛擬資產中心的願景，以及與全球資產業界一同探索金融創新的承擔和決心」。

此舉引來國際資本市場和虛擬資產市場巨大關注，當日恒生指數大幅上漲。

▓▓ 監管透明高效　人才儲備充足

與內地嚴峻的監管不同，香港有關虛擬資產的友好態度可以說鑄造了行業的里程碑。其實，香港的金融科技行業一向領先全球，財富管理、移動支付、虛擬資產交易等公司在港長期發展良好。此次的政策宣言將會吸引更多行業公司來港，並進一步提升產業創新力。

作為亞洲金融中心，香港的優勢主要體現在 3 個方面：透明高效的監管環境、發達的國際金融市場和充足的金融人才儲備。包括推出加密貨幣零售交易和交易所交易基金在內的政策，體現了政策制定的前瞻性。同時，香港政府一貫重視虛擬經濟的發展，例如本地早已有券型代幣發行。作為連接亞洲和世界的重要橋樑，香港幾所著名高校也為本地人才提供源源不斷的活力，香港理工大學更開創了元宇宙和區塊鏈的碩士學歷項目。

在新的一年裏，愈來愈多同行企業積極申請最新的牌照，加快在香港的業務計劃。我幾乎每個月都能看到大型 Web3 論壇在香港召開，還有各種線上講座，各大學的學術研討湧現，這種真摯熱情與行業寒冬形成鮮明對比。

從促進更好的加密貨幣投資教育到與監管機構建設性地合作，建立信任需要時間。加密貨幣行業的每個參與者都需要盡自己的一份力量，來倡導更透明、更公平和可持續的增長模式。我相信香港在加密行業的發展進程中會繼續發揮標誌性作用。

本文原刊於 2023 年 1 月 10 日
香港《信報財經新聞》

香港的金融科技行業一向領先全球，財富管理、移動支付、虛擬資產交易等公司在港長期發展良好。

3.8 聚焦環球綠色發展
尋找永續投資機遇

陳浩華 香港中國金融協會理事
灣區資本有限公司主席

「永續發展方法網路」2022 年報告指出，當今發生的公共衞生、氣候、生物多樣性、地緣政治、軍事及新冠疫情等多重危機，讓全球可持續發展受到了阻礙，聯合國的可持續發展目標（SDGs）指數的世界平均水平連續兩年下降，亟須全球方案為 SDGs 提供資金。人們也愈趨關注全球經濟的可持續發展，推動經濟綠色轉型已成為國際社會的普遍共識。

2021 年，全球多地陸續遭遇極端天氣災害，民眾生活及經濟生產活動均受強烈的負面衝擊。《聯合國氣候變化框架公約》第 26 次締約方大會（COP26）再次向世界發出訊號：全球平均氣溫仍在升高，應對氣候變化需要國際社會共同努力。近年來，能源生產與消費、交通運輸、工業生產，以及建築行業等諸多領域的綠色轉型趨勢增強，綠色低碳產業在新冠疫情後更是迎來了快速發展。

氣候問題舉足輕重。隨着全球大型公司致力實現淨零排放，它們的供應商可能會面臨降低溫室氣體排放的壓力，形成企業推動其

他企業實現供應鏈的淨零排放趨勢。另一方面，私營企業的排放亦愈來愈受到大眾關注，不少投資者也開始構建淨零投資組合。各國政府近年積極為適應氣候變化提供資金，推動綠色債券市場的大規模擴張。

∷ 加快制定灣區碳排體系

ESG（環境、社會、管治）日趨主流化。隨着 ESG 通用語言興起，包括相關術語、定義及法規等，將有助提升透明度，漂綠現象開始減少。碳中和將帶來變革性的變化，成為技術和產業發展乃至國際貿易投資的新標準。把可持續發展目標轉化為行動議程的關鍵離不開各國的健全國家目標、戰略和規劃。隨着中國把 2060 年定為碳中和的最後期限，可持續發展已成為粵港澳大灣區（GBA）的一個重要目標，並帶來無限商機。

商業機遇方面：一、銀行在審查貸款申請，以及買方在選擇供應商時，ESG 問題已成為考慮因素。中小企通過掌握可持續發展的概念，利用 ESG 進行升級和轉型，並引入創新技術來解決固有問題，這將有助於擴大業務，並進一步發展，從而更好地抓住 GBA 中的綠色機遇。二、碳中和建築、綠色科技發展和綠色創業孵化，以至可再生能源應用與開發、碳金融、碳認證和審核及碳減排解決方案和諮詢等等也存在很多機遇。

至於前期面對的挑戰有 3 項：首先，企業若考慮把可持續性要素納入其供應鏈管理，並逐步過渡到淨零，構建更具彈性的商業模式，但迄今為止，其中一些企業在緩解勞動力中斷和確保向綠色經濟的公正過渡方面做得還不夠。

其次，技術正在促成新的商業模式，並將開啟行業脫碳的未來。惟要實現技術的承諾，它需要在整個價值鏈中進行有效的數據管理，並且必須克服可承受性和知識約束。

最後，粵港澳大灣區在空氣質量改善和綠色低碳發展方面存在一些需解決的障屏，包括控制碳排放上缺少頂層設計和上位法的統籌支撐、碳排放的控制制度與目標體系尚不完備、推動綠色低碳制度手段不足、大氣污染物，以及和溫室氣體排放協同治理機制尚不完善。

建議加快制定應對氣候變化法、構建粵港澳大灣區碳排放目標體系，並採取多種制度手段推進碳達峰、碳中和工作，包括研究制定碳排放權交易等配套制度。

粵港澳大灣區的綠色發展將聚焦在 8 個關鍵基礎設施投資領域，包括電力、水、可再生能源、醫療、社會住房和教育、數字、運輸和可持續物流。粵港兩地政府可以與私營部門合作，制定將「擠入」私營部門投資的專案、舉措和結構。創建政府贊助的基礎設施，金融機構可整合公共和私人基金，並以貸款或直接股權投資的形式投資在公共專案。

▐▐ 打造ESG主題旗艦基金

再者，也可以通過募集和打造專注 ESG 主題的旗艦基金，強化投資平台，彰顯粵港澳大灣區品牌影響力。建立類似的旗艦基金，包括影響力基金（Impact Fund）、環境影響力基金（Climate Impact Fund）、清潔技術基金

（Cleantech Fund）等。私募公司可以組建「影響力投資平台」，涵蓋專注投資於對社會和環境有積極影響的高潛公司的 ESG 基金，主攻清潔能源、綠色工業、交通、農業賽道的氣候投資基金，以及聚焦醫療健康的投資基金。

本文原刊於 2022 年 9 月 20 日
香港《信報財經新聞》

3.9 發展綠色金融開啟香港新篇章

張奕敏

香港中國金融協會理事
香港金融管理學院院長

自 1750 年英國人瓦特發明第一台蒸汽機,工業革命就正式開始了。到現在 270 多年過去,工業化和全球化發展在創造出令人類社會引以為傲的現代文明同時,也對我們賴以生存的地球環境包括氣候、空氣、土壤、生物及水資源等造成非常大的破壞。特別是近年來,地球暖化、極端氣候、生物滅絕與淡水資源問題已成為威脅人類和地球命運共同體的緊迫難題,很多國家都以碳中和、降低化學物質排放和保護水資源等為目標積極應對。要盡快實現這些目標需要大量投資,必須利用金融手段,引導資金流向綠色及可持續發展項目。

香港特別行政區行政長官李家超表示,要強化香港國際金融中心地位,必須緊貼國家需要和國際投資市場脈搏,用好國家政策和自身優勢,擔當好內外循環交滙點的角色。他強調,會帶領新一屆政府發揮好國家所需、本港所長,把握國家開放發展所帶來的機遇,全面提升競爭力,為鞏固香港國際金融中心地位而努力。

最近幾年,香港政府和金融機構均積極推動綠色投融資發展,

監管部門制定了一系列的政策扶持、資助計劃、監管要求和準則，金融機構也推出了一系列綠色金融產品。僅 2021 年，在香港安排及發行的綠色債務融資就達到 570 億美元，當中綠色債券總額達 313 億美元（約 2441 億港元），位居亞洲第一。

∷ 建「碳市通」連接中外資本

作為世界最大國際金融中心之一的香港，「綠色金融」將會為本港國際金融中心開啟新篇章。要發展成為具有世界影響力的國際綠色金融中心，香港需要與時俱進的制定綠色金融相關政策，建立與國際市場和內地市場融通的綠色金融標準體系，以及構建綠色金融人才培養和引進機制。

一、政策：政策的關鍵是要促使金融機構的資源配置從傳統產業向綠色及可持續發展產業的轉型。通過制定一系列的法律法規和建立獎懲機制，形成對金融機構綠色轉型的內在動力和壓力，從而引導金融機構更加關注利於綠色及可持續發展的各類經濟活動和項目，形成金融機構的資源和資金向綠色產業傾斜。

譬如說，就香港政府而言，可以提高綠色金融產品在外滙基金和強制性公積金（MPF）中的配置比例；對於中國內地政府，則可積極對應 2030 年碳達峰和 2060 年碳中和的國家戰略目標，借鑑「股市通」和「債市通」經驗，爭取政策支持，建立「碳市通」和更加多的綠色金融產品互通，打通國際資本參與中國綠色投資和內地資本參與國際綠色投資的渠道；對國際，積極對接各國政府和金融市場，支持「一帶一路」地區的綠色轉型，利用本

港國際金融中心的優勢，動員和組織全球資金參與到綠色金融和綠色投資中來，力爭成為具有影響力的國際綠色金融產品交易中心。

二、標準：標準是綠色金融規範發展的前提，香港應盡快建立一套和國際接軌並和內地聯通的綠色金融標準體系，積極推動綠色金融標準互通工作，粵港澳大灣區標準互通、中國國家標準互通、國際標準互通等；建立和提升可持續相關訊息披露標準，擴大對綠色金融產品補貼的範圍，鼓勵創新，研發並推出更加多種類的綠色金融產品，形成綠色貸款、綠色債券、綠色保險、綠色基金、綠色信託，以及碳金融相關的多層次綠色金融產品標準，並建立相對應的綠色金融市場體系。

■■ 增設學位課程專業資格

三、人才：人才是香港作為國際金融中心的基礎，隨着綠色和可持續發展目標的積極推進，金融機構和企業陸續加入到綠色發展中，綠色金融業務和產品的需求量也與日俱增，綠色金融的人才需求成幾何式增長，但相關人才的培育遠遠跟不上市場需求。

要建設香港成為國際綠色金融中心，綠色金融人才的培養和引進至關重要。一、建立綠色金融人才的培養體系，包括各類相關專業培訓、專業資格和學位教育；建議本港政府資助各類大專院校推出綠色金融學位課程，建議專業協會研究中英文的綠色金融方向的專業資格標準和考試。二、制定人才引進政策，吸引更加多的國際國內相關人才到香港，包括把綠色金融人才納入專才優才計劃。

綠色發展是大勢所趨，任何政府、金融機構、企業和個人都應該積極參與進來。努力保護地球、改善環境和促進生物多樣性發展，使我們子孫後代可以持續在地球上幸福生活。

本文原刊於 2022 年 9 月 6 日
香港《信報財經新聞》

3.10 區塊鏈技術及黃金穩定幣

楊再勇

香港中國金融協會理事
Volmart 創始人兼行政總裁

　　香港金管局於 2022 年 1 月 12 日發布了一份關於加密資產討論文件，目標在 2023 年至 2024 年引入新的監管制度，尤其對「用作支付用途」的穩定幣做出細化監管。作為加密資產領域中的重要一類，穩定幣由於其「穩定器」的重要作用，以及成為支撐貨品、服務或其他金融交易支付工具的潛力，已經成為各國愈受關注的課題。

　　其中，有資產支撐的一類穩定幣（asset-backed stablecoins），由於其愈來愈多被用於支付用途，以及與主流金融體系和社會經濟活動逐漸發生的關聯，將成為不可忽視的一項課題。筆者針對「資產支持穩定幣」中的重要一類──黃金穩定幣有一些分析，再此跟讀者探討。

▓▓ 關於穩定幣

　　穩定幣可分為「資產支持穩定幣」（asset-backed stablecoins）和「算法穩定幣」（algorithm stablecoins）。後者通過數學公式來調節加密資產的供給與需求，來保持面值「名義價格」恒定，包括

因為價格變動而引起的虛擬貨幣抵押品變現、穩定幣拆股合股等操作來盡量實現價格穩定。雖然「名義價格」在算法層面保持不變，但因其背後資產價格的劇烈震盪誘發擠兌歸零的風險，具有明顯的缺陷。

與「算法穩定幣」這種無實際資產支持的加密資產不同，「資產支持穩定幣」一般錨定單一或多種資產，例如法定貨幣、證券或者黃金。

▚ 直接錨定法幣

我們看到的大部分穩定幣的描述是相對法幣——例如美元的穩定，但實際上各國法幣本身穩定性也並不絕對。目前錨定法幣（一個單位法幣對應一個單位加密數字貨幣）影響力最大的案例是 Tether 推出的 USDT，實現方式是中心化的資產抵押安排——用戶把美元抵押到 Tether 的賬戶中，換取 Tether 發行等面值的 USDT。

由於現時普遍欠缺就穩定幣營運安排的規管或披露要求，以致其支持機制並不透明。把資產的安全性完全建立在 Tether 公司之上，Tether 公司在披露底層資產上所做十分有限，如有漏洞，長此以往風險極高。

▚ 錨定黃金

黃金和白銀是歷史最悠久的價值儲存手段之一。黃金在物理特性上堅不可摧、強延展性、可以永久保存。在極長的時間線上，黃金是所有人形成的一個「共識」：黃金是貨幣。不分國界、種族，它是所有人心中可以當作價值儲存的東西。1895 年，黃金就是貨幣，是國家經濟安全的定海神針。

在金本位之後的信用貨幣時代，2008 年次按危機之後，市場的共識變成了「央行控制一切」，央行行動決定市場結果；隨着「央行萬能」的「共識」變強，黃金的意義開始變弱。2020 年新冠肆虐全球開始，病毒、地緣政治使得全球經濟飛車出軌的概率不斷加大，此時黃金再次受到關注，作為對沖全球大規模貨幣政策失效的「保險單」，其作用正在進一步加強。

▇▇ 黃金供應稀缺價值穩

更重要的是，黃金的價值穩定，雖然在某個給定短期或中期波動性較大，但是長期依然是購買力最穩定的資產之一。黃金是一種零收益資產，具有摩擦成本，但其供應稀缺，變化非常緩慢；當貨幣和主權債券的實際利率走低，通脹高企，黃金比法定貨幣更具吸引力。

當前的國際地緣政治和經濟形勢已經發生重大變化，在最新俄烏衝突中，一方面歐美要把俄羅斯從傳統金融支付清算系統 SWIFT 中踢出去，另一面烏克蘭政府公開其虛擬貨幣地址以便接受更多人的捐贈；此等反差讓很多國家愈發清醒的意識到，外滙儲備不可全盤在「美元」或「歐羅」體系內，支付系統後備方案也呼之欲出，這些急迫的需求必將推動全球貨幣體系和金融體系發生重大變化。

其實俄羅斯並非沒有提前做準備。自 2005 年至今，俄羅斯央行一直是全球買入黃金最多的央行之一，其黃金儲備目前已達到 2298.5 噸，成為全球第五大黃金儲備國。目前俄羅斯外滙儲備中，黃金佔比已達 21.7%（數據來源：BIS）。

黃金作為避險抗通脹的金融資產，已經再度成功獲取市場青睞。隨之而來的問題是，在科技技術高度發展的今天，我們能不能結合最新的金融科技工具，讓黃金這個古老貨幣重新大放異彩。

■■ 黃金穩定幣和香港數碼黃金GoldZip

大多數情況下，實物黃金只能在線下進行交易。但是黃金穩定幣（gold-backed stablecoin）可以在網絡上跨國界進行交易——所以本質上，它是一種「數字化」的貨幣類無記名資產。而且，由於區塊鏈是一個公共賬本，記錄分配給不同地址的價值，但它完全實現「自我保管」——私鑰是擁有者持有資產控制權相關的唯一憑證，可以記在紙上、硬件錢包裏，甚至自己的大腦裏自行保管。因此，將黃金登記在區塊鏈上，建立實物黃金支持的穩定幣，能提供物理資產和數字資產的雙重優勢，消除以傳統的方式持有黃金的各種弊端。

香港是世界五大黃金交易市場之一，是其中同時擁有實金交易、無形市場和期貨市場的唯一地區；並且是一個充分市場化、各種屬性黃金交易共存的體制。作為見證香港金融業發展的「祖父級」機構，金銀業貿易場迄今已有超過110年歷史，是香港政府唯一認可的實物黃金、白銀交易所，多年來一直是亞洲地區深受認可的交易場所。

■■ 監管建議

在金融科技世代，金銀業貿易場籌備多時、以區塊鏈驅動的實物黃金投資產品數碼黃金（GoldZip），將黃金投資微細化至每克為投資單位，與實

物黃金掛鈎，相信將在這個變動的時代發揮歷史性戰略作用。

　　基於上述原因，筆者相信黃金穩定幣將登上歷史舞台，並且發揮巨大作用。因此，與之相關的活動安全和穩健至關重要。建議香港在參考國際標準後，可以考慮將黃金穩定幣納入「可作支付用途的穩定幣」監管，例如在《支付系統及儲值支付工具條例》之下增加細則，確保黃金穩定幣在香港受到適當的監管，助其普及和發揮更大作用，維持香港貨幣及銀行體系穩定。

本文原刊於 2022 年 3 月 22 日
香港《信報財經新聞》

> 大多數情況下，實物黃金只能在線下進行交易，但是黃金穩定幣（goldbacked stablecoin）可以在網絡上跨國界進行交易。

3.11 「元宇宙」想像空間

香港中國金融協會理事
大中華金融業人員總會創會主席
南洋商業銀行助理總裁

一、「元宇宙」的群聚效應

2020 年初以來，新冠疫情持續蔓延擴散，全球經濟陷入大蕭條以來最嚴重衰退，金融業亦突顯罕見的震動，導致國際經濟整體格局和發展方向，備受影響和衝擊；而在新冠疫情的層層隔離下，人們上網時間大幅增長，社會的「宅經濟」文化迅速蓬勃發展，線上溝通已經成為生活、工作必須的新常態。

同時，線上、線下的頻繁相互溝通，推動現實生活大規模向網上虛擬世界遷徙；而 2021 年全球大熱的「元宇宙」（Metaverse），呈現超想像的爆發力，其背後相關「元宇宙」的「群聚效應」（Critical Mass）要素，被稱為互聯網的未來，而 2021 年又被稱為「元宇宙」元年。

二、「元宇宙」是什麼

「元宇宙」早在 1992 年的科幻小說《雪崩》（Snow Crash）中提出，是指由現實與虛擬混合而成的數字世界，允許人們透過虛擬環境在不同設備間移動及溝通。雖然，目前「元宇宙」的定義有

不同演繹，但普遍的共識認為：「元宇宙」是使用者可以運用科技設備而進入虛擬世界，在當中使用者將化身為虛擬替身（Avatar），與現實世界進行互動、體驗和探索。

自2021年10月，創辦17年的Facebook宣布改名為「Meta」，將「元宇宙」納入未來企業願景，以「元宇宙」優先，不再以Facebook優先的策略，集中全力發展「元宇宙」。「元宇宙」一詞瞬間躍升為全球的關鍵字。目前愈來愈多科技巨企如Facebook、微軟、IBM、亞馬遜及個別金融機構，都開始加入「元宇宙」領域。

隨着虛擬實境（Virtual Reality, VR）及擴增實境（Augmented Reality, AR）硬體發展漸漸成熟、上網速度加快、電腦運算能力大幅提升，加上科技大廠的背書，「元宇宙」的虛擬世界變得真實起來。具備「元宇宙」題材的不單是VR、AR硬體產業，還包括人工智慧、晶片代工、社群平台、遊戲及金融都將扮演關鍵角色。

三、新時代轉型探索

目前，「元宇宙」的發展仍處在前期階段，在金融領域的應用，以數字虛擬及優化服務、優化流程為主；同時，在「元宇宙」的虛擬世界中，衍生了大量的金融服務，包括交易、借貸和保險業務等等，預期去中心化金融（Decentralized Finance, DeFi）將成為支持的基礎；金融業能夠掌握去中心化金融的潛力，超前部署及加以研究運用，將會進一步加速金融業的創新，提升金融市場和服務的效率。

現階段，一些國際化銀行在「元宇宙」領域已早着先機部署業務，如法國巴黎銀行 VR Banking Apps，客戶可在 VR 環境中虛擬了解賬戶活動和交易紀錄；美國 GTE Financial 推出 GTE 3D，客戶可通過電腦或者電訊設備，進入銀行構建的虛擬世界，了解抵押貸款、投資理財與保險業務等金融訊息和服務。而銀行業作為其中重要組成部分，全面提升金融服務質量將是社會經濟發展的重點。

以往，傳統銀行業經營特徵是自我為主、自成體系、與客戶缺乏深耕、與同業缺乏合作、服務創新都是自比視野之內開展。但隨着訊息革命的發展、移動支付的普及化，銀行的服務形式也將發生重大的變化。因此，如何把握數字化轉型帶來的關鍵機遇，在數字化轉型中重塑，將成為銀行業務面對的重大挑戰。其次，科技訊息管理已經成為了一套從數據獲取客戶、自動化電子認證和客戶身份審查，並通過智能管理，以及手機 App 操作實現轉變。而且數字化轉型將帶來新的金融服務生態圈，帶動金融商業模式的創新；以及隨着金融服務需求的多樣性而出現更多元化的金融服務。

四、「元宇宙」對金融業的新機遇

據 Strategy Analytics 數據分析，預測 2025 年全球「元宇宙」的經濟價值將達到 2800 億美元，並會持續複式增長；可預見其將會對金融業產生龐大的業務機遇。目前金融領域及區塊鏈技術已成形，加密貨幣（Cryptocurrency）、非同質化代幣（Non-Fungible Token，NFT），以及去中心化金融（Decentralized Finance, DeFi）服務已逐步應用，如最近炙手可熱「元宇宙」炒地皮概念，新世界 CEO 鄭志剛成為區塊鏈沙盒遊戲（The

Sandbox）的地主，豪擲 500 萬美元購入一幅虛擬地塊。可見，隨着「元宇宙」虛擬經濟的增長，將為金融業提供新的機遇，金融與科技的緊密結合將迎來新一波的增長，其未來發展趨勢拭目以待。

誠然，「元宇宙」在金融領域的發展，是值得期待的，特別在「元宇宙」經濟規模不斷擴大的同時，其內部將形成的一套金融體系，將以區塊鏈和 NFT 技術作為基礎，與「元宇宙」產業發展相輔相成，提高服務的效率和質素；為金融行業提供更多元化的發展模式和豐富的應用場景；而發展不會改變金融行業的本質。

在「元宇宙」發展的道路中，仍然充滿着較多不確定性因素和複雜法律問題，特別開發「元宇宙」的金融企業，當中涉及法規和系統管理方面的潛在風險，仍然不容忽視；再者，「元宇宙」的發展趨勢，將持續推動傳統金融和科技結合的發展。

本文原刊於 2022 年 3 月 8 日
香港《信報財經新聞》

3.12 虛銀更為人性化
變革時代可期待

田丹

香港中國金融協會理事
圓幣科技行政總裁

2018 年，我第一次以工作簽證持有人的身份來到香港，各種衣食住行很順利地安置下來，只是到中環開一個銀行賬戶的環節讓我犯了難。諸如「唔該你排隊先」、「存 20 萬才可以開戶」、「賬戶管理費不可以豁免」、「你下周再預約來分行，才可以設定新的收款人」、「人民幣賬戶和港幣賬戶號碼不同哦」、「出糧賬戶回贈在半年以後才會入賬」，這種話，我聽了無數次。等到千辛萬苦拿到一個賬戶，下載 App 以後，我這個工程師出身的銀行人竟然經常有「這是什麼反人類的設計」的崩塌感。

後來，在金管局 7 項舉措的推進下，很多像我這樣的開荒牛，從零開始搭建一個金融業態，這 3 年間陸續有 8 間虛擬銀行開業。率先開業的第一虛擬銀行 ZA Bank（眾安銀行）在 8 月宣布，其用戶數超過 40 萬人。沒有實體網點的虛銀，憑藉純線上化的優秀體驗，讓香港的銀行服務實現從賣方市場到買方市場的轉變。傳統金融服務和先進科技創新的共同加持，讓銀行的人性得以回歸，普惠金融願景得以實現。

政府 2021 年 7 月推出消費券計劃，首周已收到逾 480 萬名市民登記，當中超過 390 萬個登記是透過去年現金發放計劃資料作身份認證的電子登記。市民對數碼時代的適應能力，在這兩次大型活動中得到明顯的提升和體現。

▉▉ 簡單易用　能夠快速開戶

即使是 Z 世代（1995 年至 2010 年出生）之外的市民，也已逐漸習慣透過手機來處理金融事務。銀行更應該回歸到人性化的本質，服務各個年齡階段（Z 世代 +）的市民。

虛銀客群中，雖然 35 歲以下的市民還是主流，但其產品設計中「簡單易用」的準則，讓每一個手機的點擊都變得高效而且普適。ZA Bank 開戶的最快紀錄已經縮短到 120 秒；用戶最少只需要 33 次點擊，就能在手機上完成開戶的全流程。

銀行總覺得問清楚客戶對產品反饋，已是銀行服務的極致，但銀行何時曾問過：「你希望擁有怎樣的銀行產品和服務？」又何曾想到堆砌內容的網頁或者 App、繁雜的密碼驗證機制、天書一般的法律條文、免責條款比服務內容還要多的金融產品結構、周六中午就關門的銀行網點是否能讓一般市民滿意？

而 ZA Bank 在申牌階段就已開始跟普通市民直接溝通。小到 App 的字體，大到小企業的開戶模式，都來自普通市民的訴求。ZA Bank 推出全港唯一的銀行卡自定卡號，其創意也來自於此。客服層面，ZA Bank 違背所謂的人工智能方向，選擇保留人工客服的人性觸達，電子利是更是復刻傳統利是收發的全過程。

▋▋ 照顧市民訴求　保留傳統客服

雖然名字有「虛擬」二字，但虛銀的從業者都是活生生的金融科技專業人士。我有幸面試過 800 個人，儘管背景和專長各有不同，我們加入虛銀的初心，都是希望親身體驗從零開始創造一個行業的挑戰。虛銀從無到有，從無人知曉到生機勃勃，也正是因為這一群從業員對人性化金融服務的堅持。

香港銀行業過去着重傳統金融模式，忽略培養金融科技的複合型人才，這給虛銀開始階段的團隊構建帶來不少挑戰。所幸的是，虛銀的創造者們有勇氣跳出自己的舒適圈，改變自身對傳統金融經驗的認知，穿上 T 恤球鞋來創造歷史，這個人才群體將會讓香港在國際金融中心的競爭中發揮關鍵作用。

2019 年 2 月發布的《粵港澳大灣區發展規劃綱要》，提出擴大香港與內地居民和機構進行跨境投資的空間。物理地點的差異，屆時可能將不再成

為金融服務的核心要素之一。

最近，「前海深港現代服務業合作區改革」和「跨境理財通」的啟動，相信會給內地和香港居民打開更多通道。

雖然在新頒布的《個人訊息保護法》下，跨境數據處理需要更加審慎，而內地和香港的開戶流程、證件認證、投資風險評估體系的差異，都可能會影響實際的產品或者服務，但是在審慎運作和金融創新的基礎下，虛銀依舊能提供更人性化的銀行體驗，他們在這個變革時代的表現，值得期待。

本文原刊於 2021 年 10 月 5 日
香港《信報財經新聞》

第四章

香港新發展建言

4.1 提升國際化 香港開新篇

張麗

香港中國金融協會主席
上海浦東發展銀行香港分行行長

　　背靠祖國、聯通世界，是香港得天獨厚的顯著優勢。提升「國際化」，維護香港國際規則、國際市場、國際人才、國際氛圍等特色，是香港「開新篇」及融入國家發展之要義。

一、發揮所長，國家所需和香港價值之共識

　　「一國兩制」特殊安排下，香港能維持自由經濟、普通法等制度，以「中國香港」的名義參與國際組織和國際活動，「國際化」功能由此更加彰顯。香港「國際化」是香港所長，也是國家所需。香港融入國家發展大局，發揚自身優勢建設發展多極國際中心，作為重要節點參與「一帶一路」建設，一齊創建國際一流的粵港澳大灣區和世界級城市群等，都需要繼續發揮「國際化」優勢，抓住機遇與國家共同發展、共享榮光。

　　至此，以上角色，前所未有地統一且形成共識。新任特首李家超先生就職致詞時提到，「一國兩制」給予香港作為特別行政區獨特優勢，既是融入國家發展大局的特區，也是聯通世界的國際城市和最有效連結國家和世界的通道。

二、專業擔當，內地與世界有效連結之角色

國家深化對外開放，國際社會關注中國發展和投資機會，可藉專業促進落實。香港與內地已推出股票、債券、理財、ETF 等互聯互通，互換類衍生產品亦在推進中，建議進一步擴充參與主體、聯通標的、產品範疇等。另一方面，吸引家族辦公室、有限合夥基金、基礎設施投資基金等落戶香港，以全鏈條的金融生態便利國內國際資源對接，把香港國際金融中心的優勢延伸到國內，輻射到「一帶一路」沿線及更廣區域。

在地緣政治、逆全球化等變局下，可通過專業促進合作。各國仍有需協同解決的議題，比如氣候風險、科技安全等。因此，綠色金融與 ESG 投資、碳交易、金融科技及數字化等既是新的發展方向，也是合適的合作主題。並且國際金融市場波動增大情況下，香港全球離岸人民幣業務樞紐、國際資產管理中心和風險管理中心等功能愈需發揮，人民幣相關計價和避險產品等應更豐富，以多元、創新的金融產品創造確定性機會，提升風險的可控性。

三、產融互促，形成香港多極國際中心重點

目前香港金融業佔整體 GDP 逾兩成，製造業佔比不足 1%，空心化問題影響香港經濟穩定性和增長潛力。國家「十四五」規劃首次加入提升、建設和發展香港的 4 個新興中心。李家超先生日前提到，會鞏固和提升國家「十四五」規劃下香港作為國際金融、航運、貿易中心等固有優勢產業，全力發展新興產業。

國際創新科技中心、國際航空樞紐中心、中外文化藝術交流中心和區

域知識產權貿易中心，這 4 個新興中心將壯大香港實體經濟根基，推動香港「再工業化」，促進科技創新和文化創意產業發展，形成多樣的業務範疇和商業交易。這為服務實體經濟的金融業增添新發展空間，對金融服務提出新要求，例如對知識產權的評估、定價和質押融資，科技和文創類企業的風險判斷和管理等，需要進行金融產品創新和機制創新，助力企業、園區等做優做強的同時，促進金融與實體經濟相互支撐、多極國際中心互相輝映。

四、海納百川，聚集國際優秀人才之先行

　　根據全球金融中心指數（GFCI），香港在 2021 年 9 月重回第三排名，今年 3 月繼續保持「紐倫港」國際金融中心格局。「人力資本」是該評價體系的五大指數之一，表明了人才不僅是企業發展之根本，也是城市競爭力的體現。

　　如果説過去 25 年主要是引進境外資金和企業，今後則要把中國企業和資金帶到國際，對此要有新的視野和使命，儲備這樣的人才和能力。一是要留住高端人才，避免其外流導致人才資源斷檔，以此維護香港多年累積的國際聯繫和國際網絡。二是要吸引新生力量，培養一批具備國家觀念、國際視野、香港情懷、專業精神的青年人才。三是引入香港優勢產業所需人才，吸引國際企業、國際專業人才及他們的家庭來港。這需要企業努力以及政府支持，推出適宜的優惠政策，比如非永居購房、外派僱員子女教育和配偶支援、國際人才來港流程簡化等。通過聚集優秀的國際人才，加強暢通便捷的國際聯繫，增加在國際事務與國際社會中的話語權。這點需要先行，因為人為本。

　　總之，發揮和提升香港的「國際化」功能，以「香港所長」融入國家發展，維護「一國」之本，善用「兩制」之利，以香港的「國際化」助推「一國兩制」行穩致遠，已是今日之普遍共識。在香港由治及興的關鍵時刻，香港金融人，依託平台，發揮專業，已有珍視維護香港的特色優勢之心，更應做奉獻之實，助力香港成為廣聚資源的國際平台、充滿活力的國際城市、更具競爭力的國際中心。

　　香港回歸 25 周年及新特首履職之際，立足國家和香港對國際金融中心地位的定位，思考呼應草記為是。

本文原刊於 2022 年 7 月 12 日
香港《信報財經新聞》

滙聚人氣財氣
促進金融創新

譚岳衡

香港中國金融協會副主席
立法會議員
交銀國際董事長兼執行董事

香港國際金融領袖投資峰會於 2022 年 11 月 2 日開幕，逾 200 位金融界領袖人物齊聚香港，共話金融發展新未來。此次峰會將向世界展示香港作為國際金融中心的新風貌，也彰顯繼續發揮「超級聯繫人」角色、提升國際金融中心競爭力的決心。

展望未來，要提升國際金融中心競爭力，不僅需要聚集人氣、財氣，更要銳意創新，順應並引領金融行業的發展趨勢，積極發展綠色金融、金融科技和科創金融。

國際金融中心最重要的功能是實現資金供給和配置，因此歸根究柢是要聚集人氣和財氣。香港是亞太區銀行中心和財富管理中心，設有 156 家持牌銀行（80% 屬於香港境外註冊）和 800 多家資產及財富管理機構（65% 的管理資產來自香港以外）。回歸 25 年以來，香港管理的資產及財富總值增長 9 倍，至 35 萬億港元。內地三分之二的直接投資取道本港，而外資於內地的股票和債券投資中，有超過一半在港進行。作為全球最大的離岸人民幣市場，本港處理全球約 75% 的離岸人民幣結算業務。以上都

是財氣聚集的體現，相應地人氣也聚集而來形成佔人口比例 7% 的金融從業人員。

▋▋ 有條件拓區域碳交易

然而，當中也存在值得進一步探討的問題，取道香港的資金是否能有沉澱並且產生可觀收益；市場是否能夠提供多元化的產品以有效解決各類金融問題；股票債券市場是否具有持續的吸引力，以吸引更多的機構赴港融資；監管是否在審慎和基於市場發展空間之間持續取得平衡。

以人民幣離岸中心為例，本港的離岸人民幣資金池已經相對大，但仍需要有更多人民幣計價產品、更豐富的人民幣投資渠道來增強離岸人民幣資產的吸引力。香港要掌握離岸人民幣的定價權，提供基準價格和行業運營標準，這才是競爭力的體現。

國際金融中心不僅是資本中心，更是人才中心知識中心。本港正處於發展為主基調的階段，當務之急是要實現人才的淨流入和良性循環。一方面以培養和扶持本地人才為主，另一方面兼容並蓄，吸納來自各方面的人才。要不斷檢視目前的高校培養人才體系、外來人員工作簽證政策、人才配套措施等，形成香港特色的人才策略，為中長期發展奠定基礎。

綠色金融是香港最需要加緊建設、搶佔先機的領域。目前各方都有共識，認為本地有條件成為區域碳交易中心，建議盡快形成方案落地，並考慮

和廣州等城市尋求合作的發展路徑。

綠色及可持續金融當前是個快速發展的領域，預計未來三四十年，中國綠色相關投資的復合年增長率可能達到 6% 至 12%，香港可通過提供國際資金、國際評級認證服務等進行支持，充分發揮資金、訊息融通的作用，特別是在「一帶一路」的綠色建設中發揮更大作用。

新冠疫情加快了全球的數碼化步伐，金融科技創新和虛擬資產在全球蓬勃發展。在科技領域已經相對成熟的基礎技術，例如區塊鏈、大數據及人工智能，為金融交易和投資提供了高效的新方式，為金融創新帶來前所未有的機遇。香港應當積極融入此發展的浪潮，否則就會被其他地方趕超。

∷ 夥深圳建試點　培訓專才

舉例，可考慮與深圳深入綁定和合作，試點建立金融科技先行區，繼續推動本地銀行業、證券業及資管行業的數碼化進程，加快金融科技人才專項培訓和緊缺人才的引進，同時展開數字人民幣及數碼港元的推廣配套技術與政策研究，爭取借助科技創新風口，實現全方位立體化發展，成為科技支撐型、創新驅動型國際金融中心。

科創金融是打造科創中心的重要抓手。本港要打造科創中心，重要的一點是融資配套。本港貴為亞洲第二大私募基金管理中心，區內資金稟賦充裕，要考慮如何充分調動市場的資金留在本港及投資這裏。公私結合的方式

是科創金融的最佳發展路徑，以科創基金領先投資中小企業，助力其快速做大做強。同時，打通科技企業上市環節，實現募投管退環節的通暢，形成良好的科創金融生態。

本文原刊於 2022 年 11 月 1 日
香港《信報財經新聞》

4.3 香港盼躍身成全球生科中心

翟普 香港中國金融協會常務副主席、上達資本（亞洲）有限公司總裁

宋紅方 新元資本有限公司董事長

　　科學、技術和創新是大多數發達經濟體的基石，也是實現突破、創造就業和促進可持續經濟增長和發展的關鍵驅動力。香港特區政府於 2022 年 12 月發布《香港創新科技發展藍圖》，旨在建設香港成為國際創科中心，為香港創科發展制定系統性的策略規劃，訂下未來 5 至 10 年的發展路徑。生命及健康科技在《藍圖》中更被強調為戰略產業之一。

　　生物科技最新創新包括基因編輯、3D 生物打印、合成生物學及使用人工智能（AI）和大數據進行藥物研發和其他工藝改進。行業之所以被確定為重點產業，是由於香港在發展新技術中具備多方面優勢，同時行業對本地經濟也具備特別的戰略意義。

　　具體來説，我們相信香港可以在 5 到 10 年內成為成功的全球生物科技中心。在生物科技領域的產業鏈中，本港應集中轉化研究，把實驗室研究和臨床前研究中產生的發現應用於人體試驗，並在地區中積極推行行業最佳實踐。成功與否，取決於能否建立一個由政府、大學及研究機構、投資者、生物技術公司和大型製藥公司

共同組成，以研發支出（R&D）佔本地生產總值（GDP）比重、初創企業數量和孵化器數量、獨角獸數量、創科人員數目，以及製造業生產總值等為職效指標的生態系統，讓一個積極主動的政府和高效市場發揮應有的相互作用。

▓▓ 打造生態系統4支柱

一個穩健的生物科技生態系統有 4 個基本支柱——研究能力、轉化配套政策、創科人才和資本市場。

一、研究能力：憑藉 5 所全球百強大學（2 所全球 50 強醫學院），以及國家科技部在中國內地批准的 13 個國家重點研究實驗室，香港有潛力發展／加強其轉化研究能力。我們建議政府重點資助和促進轉化研究，並讓包括投資者和大型製藥公司代表在內的學術界和業界代表參與制定行業政策。此外，建議政府以額外資金分配和知識產權申請數目作為大學及研究機構的職效指標之一，推動轉化研究。

二、轉化配套政策：在配套政策方面，香港與國外的知識產權是受到多項國際條約所約束並且是互相承認。同時，在香港收集的臨床試驗數據在內地已得到國家藥品監督管理局的認可。為了進一步加強香港的軟實力，我們建議政府向國際醫藥法規協和會（ICH）申請成為其成員，以便香港的臨床資料在其他成員國（如歐盟、日本、美國等）得到認可。另外，政府可撥備充足資金，準備在 5 到 10 年內把現有的轉化研究設施擴大 5 至 10 倍，以應付未來需求。

三、創科人才：香港每百萬人口有 4287 名研究生。然而，這些具備足夠知識及經驗的人才都缺乏創業機會，只有為數不多的生物技術初創能在香港成立。我們建議政府鼓勵業界開設創業基金，並支持研究機構為校友和博士後研究生在轉化和商業化方面提供行業專家指導。我們同時認為政府可招募成功生物科技企業家、投資者和業界人士主導孵化器及技術轉移部門，並大力推動孵化器在項目管理、業務開發、法律、臨床和生產方面為初創人才提供協助。

四、資本市場：香港是亞洲最大和全球第二大的醫療保健及生物科技集資中心。總結美國波士頓的經驗，生物技術風投公司（VC）及早參與孵化可大大提高初創企業的成功機率。生物科技風投公司能通過幫助生物科技公司制定發展里程碑和路線圖、引進經驗豐富的企業家和高級管理人員，以及與大型製藥公司建立戰略合作關係，為生物科技公司創造價值。因此，除了現有基金或合作模式（例如創新科技風險基金下的合作夥伴計劃）外，我們建議政府設立組合型基金（FOF），透過投資經驗豐富的生物技術風投基金，與投資者及業界共同開啟創新周期。

▓ 參考波士頓先進經驗

進入千禧年後，個人電腦（PC）浪潮中暫時落後於矽谷的波士頓，聯合科研單位、大型藥企、風投機構等，在生物技術領域上完成了一次鳳凰涅槃。在 *Genetic Engineering and Biotechnology News*（GEN）雜誌評選的「美國十大生物製藥集群」榜單中，波士頓已連續 5 次擊敗矽谷，位居榜首（2018年至今）。這裏有 2000 多家來自全球生命科學領域的科研機構和企業（如

阿斯利康、賽默飛、諾華、輝瑞等），以及超過 235 億美元的風投總額。

「不積跬步，無以至千里」，波士頓生物產業的蓬勃發展離不開政府的多年持續投入，這裏不僅有來自於《馬薩諸塞州生命科學法案》共計 15 億美元的資金支持，還有大規模的創新補助（如「生命科學 2.0」計劃提供 5 億美元、州政府提供額外撥款給研究型醫院）和稅收優惠，無一不推動着哈佛和 MIT（麻省理工）等高校的技術轉化，以及大量風投機構的落地。

在政府基金的引導之下，波士頓地區生命科學領域的初創類投資在 2019 年達到 47 億美元，為創新研究與轉化提供關鍵的資本支撐，使生物技術行業成為波士頓經濟發展的「助推器」。我們建議政府參照波士頓先進經驗，擇其善者而從之，整合大學及研究機構、投資者、生物技術公司和大型製藥公司等關鍵參與者，共同建立生物技術創新生態系統。

總結而言，政府如果能夠牽頭制定政策、增加轉化研究設施、鼓勵創科人才，以及支持生物方面投資，風投公司必定會被吸引來港孵化，大幅增加公司數量及公司成功機會。「上下同欲者勝，風雨同舟者興」，幾年內，數個成功案例將會吸引更多創科人才來港成立生物科技初創公司，繼而產生虹吸效應，令更多風投基金及藥企來港，實現創造一個具備香港特色的可持續發展生物初創生態系統。

本文原刊於 2023 年 3 月 7 日
香港《信報財經新聞》

4.4 香港發展
家族辦公室三大隱憂

陳東

香港中國金融協會副主席
時和資產管理有限公司董事長兼總裁

近來，香港掀起了一股家族辦公室的熱潮。3月下旬，由特區政府主辦、以家族辦公室業務為主題的高峰論壇「裕澤香江」高朋滿座，順利召開。港府還為此發表了《有關香港發展家族辦公室業務的政策宣言》，明確闡述了相關的政策方向。這期間又恰逢全面通關復常，香港接連舉辦了 Art Basel、七人欖球賽和 Web 3.0 論壇等各種大型活動，當中來了不少內地及世界各地富裕家庭人士，借機探詢如何在香港設立家族辦公室。一時間，形勢忽然一片大好，香港家族辦公室蓬勃發展似乎指日可待。

然而，冷靜地觀察和分析，香港家族辦公室的發展還有不少挑戰，至少還存在着以下三方面的隱憂：

▦ 政策落後對手 支援力度不足

一、政策支持仍需加快落地和增大力度。從政策宣言上看，特區政府毫無疑問非常支持家族辦公室業務，美中不足的是目前還停留在意向方面，可執行的具體政策仍乏善可陳。

新加坡的家辦政策已經進化到 3.0 版本，香港卻連 1.0 版本也千呼萬喚遲遲未出，仍在等立法會三讀通過。這個 1.0 版本的政策主要是對家族辦公室投資實行稅務寬減，看似是重大利好，但實際上香港本來就沒有資本利得稅，而且現實中已有很多種家族投資控權工具（FIHV）能實現合理避稅，在香港成立公司再申請稅務寬免，只是給家辦多一種選擇，並非唯一避稅途徑。加上擬出台政策的免稅資產門檻只有單一一檔的 2.4 億港元，高於新加坡最低一檔 13O 計劃的 2000 萬坡元（約 1.18 億港元）門檻，吸引力略顯不足。因此，當務之急是盡快把各種宣稱的政策利好出台落地，並與時俱進研究如何加大優惠力度。

▉ 未有善用金融投資管理優勢

二、香港的核心優勢並未充分顯現。家族辦公室從設立到持續經營，其產業鏈比較長，加上功能分為投資管理、財富規劃和非金融服務三大部分，需要非常多仲介機構為其提供服務，包括資產管理公司、託管銀行、私人銀行、會計和律師事務所、信託公司、保險公司等，甚至是藝術品管理、教育培訓、家政禮賓服務等非財經類的專業服務機構。惟家辦的核心功能無疑是金融投資管理，使得資產保值增值，這是家族財富得以傳承的前提及基礎。香港的核心優勢恰恰就是有亞太區最發達的金融市場、眾多資產管理機構和投資管理人才，這些都是吸引家辦落戶香港的最有利條件。

家辦其他功能都是非核心的，相關仲介服務儘管在香港比較齊全，但亞太區各金融中心都有，就服務與收費的性價比而言，香港不見得是最好，不應作為香港招徠家辦客戶的主要賣點。然而現實是，不少非核心的仲介服務

機構打着提供一站式全面服務的幌子，在不具備投資管理能力甚至牌照的情況下，利用設立家辦的流量入口，變相地將家辦投資管理委託截糊，或者是沿用原來的賣方服務來替代家辦投資功能，不僅偏離了家辦的買方定位及本意，也往往導致家辦的投資業績不理想。

監管部門應和業界一起正本清源，區分單一家辦、聯合家辦和家辦仲介服務機構的功能邊界及牌照要求，才能充分發揮香港金融投資管理方面的核心優勢，確保家辦業務發展行穩致遠。

▪▪ 遭遇新加坡及內地激烈競爭

三、區域內的競爭格局依舊激烈。香港在家族辦公室方面曾領先於新加坡，卻在最近幾年被反超並拉開差距。根據新加坡《聯合早報》報道，當地單在 2022 年就成立了 700 餘間家族辦公室，總數達到 1400 多家。據了解，目前仍然有約 700 間在新加坡金管局（MAS）排隊申請，預計 2023 年的增長速度不會慢。

另一方面，香港主要吸引內地特別是大灣區的富裕家庭前來設立家辦。經過十多年的初步發展，內地的家族辦公室開始進入提速階段。由於跨境資本管制愈來愈嚴，愈來愈多內地富裕家庭無法把更多金融資產轉移到境外，其境內資產遠遠多於境外資產，索性就在內地成立家族辦公室，以境內人民幣資產配置為主，通過各種互聯互通管道，兼顧境外投資。

可見，雖然香港在家辦業務方面已經奮起直追，惟來自新加坡和內地的

競爭有增無減，香港能否吸引到較多家辦落地，仍是未知之數。

　　誠然，香港金融業毋須妄自菲薄，但也不用回避不足。香港在家族辦公室發展方面仍然任重道遠，只要特區政府和業界各方專注能夠做好自己的事情，發揮好香港的優勢及長處，香港家辦業務的興旺發達依然可期。

本文原刊於 2023 年 5 月 2 日
香港《信報財經新聞》

香港家族辦公室熱潮下的冷思考

近年來家族辦公室（Family Office）成為香港財富管理領域的一個熱點。根據美國家族辦公室協會（Family Office Association）的定義，家族辦公室是「專為超級富有家庭提供全方位財富管理和家族服務，以使其資產長期發展，符合家族預期和願景，並使其資產能夠順利地跨代傳承和保值增值的機構」。

不少人將家族辦公室等同於家族信託，其實並不盡然。一方面兩者是有區別的，家族辦公室是家族財富管理的最高形態，是家族信託完善體系和豐富功能的進階版，除了信託結構中原有的委託人（超富家庭）、受託人（協力廠商信託機構）及受益人（親屬）外，還有律師事務、稅務策劃、保險、退休金、私人銀行、投資諮詢、基金管理等眾多專業機構參與其中，並可從家族財富管理和傳承，擴展到家族治理和非金融資本管理；另一方面，家族辦公室是以家族信託為主要載體來構建治理和運作架構，兩者又密不可分。

儘管不少家族辦公室已在香港有營運，然而客戶以往一般不會把家族信託設立在香港，而是比較喜歡設在低稅率或者零稅率，以及有高度客戶私隱保密的傳統離岸管轄區，如英屬維爾京群島、開曼群島和澤西島等，箇中原因不言而喻。但隨着近幾年香港及全球法規和市場環境變化，提升了香港作為家族信託管轄中心的吸引力。

██ 離岸信託稅務利好已失

一是截至今年 7 月，已有 106 個國家（地區）簽署了實施《通用報告準則》即 CRS 協議，上述傳統避稅天堂的離岸管轄區也納入其中，離岸信託涉及的稅務居民賬戶資訊，已自動與其他司法管轄區交換。而且開曼群島

和英屬維京群島的《經濟實質法令》，在 2019 年 1 月 1 日正式實施，更有可能令在此註冊的家族信託運營成本和稅務負擔上升，因此離岸信託在稅務規劃方面的優勢已不復存在。

　　二是香港在 2013 年修訂後的《受託人條例》，允許設立保留權力信託，即如果客戶不太願意將對投資或資產管理決策的所有控制權交予受託人，他們可通過保留權力信託，對信託持有的資產保留一定的正式控制權，這為喜歡一切盡在掌控中的中港兩地超富家族提供了便利。在新的信託法規下，香港可設立無期限永續信託，相對大多數有固定期限離岸信託，更有利於家族財富的世代永續傳承。加上在香港涉及信託案件的法庭訴訟可接受未經翻譯的中文文本，這項語言的優勢對內地客戶更具吸引力。

　　三是近年來與內地在金融市場互聯互通機制建立和完善，大大鞏固了香港作為全球資產管理中心和中國的國際金融中心的地位。家族財富在香港投資運作，不僅能高效地實現亞太區及全球資產配置，也可以很便利地投資到內地金融市場。與此同時，香港與家族辦公室配套的各類專業機構和人才眾多，經驗豐富。加上 2018 年 3 月「信託及公司服務提供者」（TCSP）發牌制度的實施，使香港作為國際信託和受託服務中心的核心功能得以強化。

具各種優勢和先行經驗

　　在這樣的背景下，重新審視香港的家族辦公室業務，對來自三大類地域的超富家族都應有較大的吸引力。首先是香港本地老牌的富豪家族，很多早

年都成立了家族信託，目前處在向第二或第三代傳承家業過程中，因此更注重「保富」和「傳富」。由於他們家族企業和財富絕大部分都在香港，受益人也是香港稅務居民，很自然會選擇留在香港經營家族辦公室。

　　其次是內地在改革開放後出現的新貴，基本為民營企業家，大多還是第一代在經營，在未來 10 至 20 年將面臨財富傳承問題，目前仍處在「創富」和「增富」狀態，香港的各種優勢和先行經驗吸引他們將香港作為設立家族辦公室的首選之地。特別是對通過在香港企業上市創富的內地民營企業家，更可以做到把家族企業資產與家族私人財富隔離的同時，建立家族財富配置與傳承、產融結合反哺主業的模式。

　　最後是來自海外的家族辦公室，他們大多數總部設立在歐美成熟國家，由於其本土市場投資收益率下行，面臨保值增值的壓力日益增大，因而看中了相關性較低且已具規模的中國資本市場，選擇來香港設立辦公室，旨在借助各種互聯互通管道，更方便配置大灣區及內地的資產。

　　家族辦公室處於財富管理的最高端，相關服務商產業鏈長，對金融服務業的拉動效應大。香港業界各方應抓住用好新形勢下的新機遇，加強合作，共同推動家族辦公室業務開拓，使其成為香港財富管理行業未來發展的重要增長點。

本文原刊於 2019 年 11 月 5 日
香港《信報財經新聞》

> 香港金融業毋須妄自菲薄，但也不用回避不足。香港在家族辦公室發展方面仍然任重道遠，只要特區政府和業界各方專注能夠做好自己的事情，發揮好香港的優勢及長處，香港家辦業務的興旺發達依然可期。

完善香港加密資產行業監管的建議

孫明春

香港中國金融協會副主席
海通國際首席經濟學家

近年來，全球加密資產市場發展迅速，其總市值已超過 1 萬億美元，諸多國際主流金融機構正抓緊布局入場，美國、日本、新加坡等國際金融中心所在國也在積極構建相關監管體系、金融基礎設施與生態系統。對香港來説，加密資產市場的發展對打造新的核心競爭力、鞏固國際金融中心的地位提供了難得的機遇。建議香港特區政府進一步完善加密資產行業監管體系，培育良好的金融創新生態環境，以吸引全球資本與人才，將香港打造為全球加密資產的交易與管理中心。

一、加密資產的國際監管現狀

在全球 257 個國家和地區中，加密資產在英美等 130 多個國家是合法的，在中國、印度等十幾個國家被禁止或受到嚴格限制，其他國家則態度不明。

美國很早便對加密資產進行牌照管理。紐約州於 2015 年發布了 BitLicense 監管框架，華盛頓州則在 2017 年通過 5031 法案，規定了加密貨幣交易所需要申請的牌照。美國金融犯罪執法局設置

了 MSB（Money Services Business）牌照，管理包括加密貨幣在內的貨幣交易／轉移、初次代幣發行（ICO）等有關業務與公司。美國證券交易委員會（SEC）則將 ICO 和加密資產 ETF 等證券類業務納入監管範圍。據不完全統計，SEC 在 2019 至 2020 年間批准了超過 80 個證券類代幣發行（STO）項目，並聯合其他執法部門對非法 ICO 進行打擊。2020 年 6 月，SEC 委員 Hester Peirce 還提出為加密資產創新提供安全避風港的「安全港草案」，為新生的代幣項目提供 3 年的緩衝期。

　　日本是率先把加密資產納入法律體系進行規範化管理的國家。2017 年頒布的《資金結算法案》和《支付服務法》承認加密貨幣為合法貨幣，並規定了加密貨幣交易所的運營標準。日本金融廳通過頒發加密貨幣交易所的牌照對服務提供商進行授權。目前，加密資產的現貨交易遵守《支付服務法》，衍生品交易依照《金融工具交易法》管理，ICO 發行則根據代幣的性質（支付類或證券類）、按照支付服務或證券投資業務的管理條例分別進行監管。截至 2021 年 6 月，在日本註冊的加密資產交易商已達 26 家。2020 年初，日本更推出《面向區塊鏈國家戰略的建議》，意圖將日本打造成世界領先的加密資產市場。

　　新加坡對金融科技的監管採取「風險導向」原則，堅持「不尋求零風險、不扼殺技術創新」，是亞洲最支持加密資產行業發展的國家之一。2013 年以來，借助《證券和期貨條法》及《財務顧問法》等傳統法律，新加坡金融管理局（MAS）陸續出台多項政策，將具有證券性質的加密資產納入監管範圍，並對所有通過 ICO 發行的加密貨幣進行反洗錢和打擊恐怖主義融資的

監管。目前有超過 300 家公司向 MAS 申請經營支付或加密貨幣交易所業務牌照,其中幣安、Coinbase 等近 200 家公司已獲得豁免許可,可在獲頒正式牌照前以豁免狀態合法運營。

二、完善香港加密資產市場的監管體系

香港對加密資產行業秉持開放、包容的態度。香港證監會(SFC)已發布監管框架,以「自願發牌制度」將證券型加密貨幣業務納入監管沙盒。2020 年底,OSL 加密資產交易所獲 SFC 頒發第 1、7 類牌照,並在近期上線了首個證券型代幣 BCAP;火幣科技也於 2021 年 3 月成功獲批第 4、9 類牌照;目前仍有數家加密資產交易所的申請在審核進程中。此外,香港財庫局最近完成公眾諮詢,計劃建立強制性的加密資產服務提供商發牌制度,將加密資產行業全面納入監管體系。

對一個快速發展的新興行業來說,監管政策不可能一步到位,需要不斷完善。與美、日、星等國相比,香港的監管條例和審核標準尚不夠清晰,政策不確定性較人,對投資者和從業者而言,時間成本、資金成本及潛在的法律成本較大。

雖然 SFC 的「監管沙盒」為加密資產企業提供了一個在監管下測試產品和運作模式的安全空間,但在測試期結束後,由於缺少明確的相關法律法規,這些企業很難融入傳統金融市場。

建議特區政府為加密資產行業監管政策設立中長期發展目標,進一步明

確監管框架和法律指引，給投資者及從業者一個穩定的預期和清晰的方向；同時參考美國的「安全港草案」或新加坡的豁免許可，允許合資格的加密資產企業於特定法律框架內、在尚不具備完善監管條例的市場中繼續發展。

本文原刊於 2021 年 7 月 13 日
香港《信報財經新聞》

4.6 孕育大灣區金融開放新動能

陳林龍　香港中國金融協會副主席
香港銀行學會榮譽副會長

2020 年 6 月 29 日，中國人民銀行與香港金管局、澳門金管局聯合公布，將在粵港澳大灣區開展「跨境理財通」業務試點，實施細則將由 3 地監管部門共同商議。

▦ 人口多面積廣具優勢

「跨境理財通」是指大灣區居民個人可跨境購買灣區內銀行的理財產品，按購買主體不同而分為「南向通」和「北向通」，遵守 3 地相關法律法規並尊重國際慣例。

「跨境理財通」業務資金通過綁定兩地賬戶實現閉環滙劃和封閉管理，用途僅限於購買合資格的投資產品，資金滙劃用人民幣結算，資金兌換在離岸市場完成，並對跨境資金實行總額度及單個投資者額度管理，總額度擬採用宏觀審慎系數動態調節。

（一）大灣區蘊含經濟發展潛力：大灣區是中國乃至全球最具經濟發展潛力的地區之一。第一，在全球四大灣區中，粵港澳大灣區擁有最多人口（逾 7000 萬，超過其餘 3 個灣區的總和）、最大

的面積（與紐約灣區和東京灣區加起來相若）；第二，粵港澳大灣區 GDP 位居全國第三，近 1.7 萬億美元，超過個別 G20 成員國；第三，粵港澳大灣區擁有領先的創新科技中心和多元化的產業體系，是引領中國產業升級、經濟轉型發展的主導力量。

（二）內地居民境外投資需求旺盛：內地經濟快速發展，個人財富日益增長，2013 年至 2017 年中國高淨值人群的人口平均年增長率達 14%，內地居民對實現全球資產配置的境外投資需求與日俱增。粵港澳大灣區是中國最富裕城市群，2019 年全國擁有千萬元人民幣資產的高淨值家庭，大灣區佔超過五分之一，是未來開拓「跨境理財通」業務的藍海。

（三）香港地區優勢轉為競爭動能：香港是全球主要國際金融中心、全球離岸人民幣業務樞紐、亞洲最大的財富管理中心和國際資產管理中心，適用與西方接軌的法律體系和市場機制。在中國的國際關係趨緊形勢下，香港在引入與輸出雙向開放中的作用日益突顯，通過「跨境理財通」業務，可將其區位優勢轉化為競爭動能，進一步鞏固國際金融中心地位。

雖然「跨境理財通」的正式啟動時間和實施細則尚未確定，作為大灣區首個落地的金融合作新舉措，香港應善用優勢、提前籌謀，在「跨境理財通」業務中發揮「領頭羊」作用。

▌▌港宜藉「跨境理財通」作領頭羊

1、發揮先進監管優勢：金融創新，監管先行。作為「全球最開放

經濟體」，香港擁有健全完善的法律體系和較為完整的監管框架，與國際接軌的監管標準和風險導向的監管制度，為金融發展提供充分保障。「跨境理財通」涉及 3 地 3 種不同的法律體系和監管機制，為確保業務順利推行，應提前釐清監管法規的核心要點，特別是有關個人私隱保護、跨境糾紛處置等敏感問題。

2、發揮金融創新優勢：「創新」是大灣區建設的核心理念，香港金融市場有成熟的市場機制、領先的創新理念和豐富的行業經驗。要捉緊「跨境理財通」帶來的龐大商機，本地金融機構應在管理機制、營運模式、產品設計等方面引領創新。

3、發揮產品研發優勢：香港擁有完備的交易市場和豐富的產品體系，依託「跨境理財通」平台，可將銀行產品與資本市場結合，用「資本市場 +」（「CM+WM」）模式為大灣區投資者提供「適銷對路」的理財產品。

4、發揮金融科技優勢：根據德勤《2017 年全球金融科技中心報告》，香港在全球 44 個金融科技中心排名第六，而金融科技的使用比例最高。《規劃綱要》明確香港引領建設大灣區「國際科技創新中心」的定位，香港政府也將金融科技作為核心工作，大力推進金融科技應用，如打造「智慧銀行」、建設「智慧城市」等相關經驗和成果，可應用於「跨境理財通」。

5、發揮專業人才優勢：香港作為國際金融中心，彙集全球主要金融機構，也積聚來自不同國家和地區的高質素專業人才。他們深諳國際規則，又了解中國市場，是香港社會經濟繁榮發展的創造者。金融是高度需求人才的行業，香港在稅收、生活環境、⊥作氣氛方面，給人才生存和發展提供良好的環境。

本文原刊於 2020 年 8 月 4 日
香港《信報財經新聞》

打造國際虛產中心
監管重中之重

陸海天

香港中國金融協會理事
香港理工大學科技及創新政策研究中心教授

2022 年年底，香港特區政府發布《有關香港虛擬資產發展的政策宣言》，闡明了香港發展虛擬資產行業和生態系統的政策立場和方針。宣言中，香港表示歡迎全球從事虛擬資產行業的創新人員，港府將與金融監管機構攜手締造便利的監管環境，以促進虛擬資產行業的可持續發展。

在港府發布此政策宣言前後，加密貨幣市場動盪，伴隨着多家加密公司接連爆雷，「幣圈茅台」LUNA 幣項目崩盤、幣圈對沖基金三箭資本申請破產、幣圈交易平台安銀暫停服務、全球第二大加密貨幣交易所 FTX 爆雷引發幣圈地震……作為新興市場，加密市場仍處於基建期和探索期，尚未有明確的估值方式，因此，受市場情緒的影響較大，波動率也較高。而其中暴露的更是加密市場缺乏系統化、全面化的監管方案的問題，各國監管力度不一致，加密資產所承擔的風險亦很有可能溢出到傳統金融風險。在所謂「加密寒冬」中，港府頒布新政，主動提出完善監管體系，以實現虛擬資產市場的可持續發展，從中體現了香港打造國際虛擬資產中心的信心。

從基調上看，這份政策宣言是謹慎、樂觀、理性且務實的。港府認識到區塊鏈技術和 Web3.0 技術體系將會成為未來金融與商業的大趨勢，同時也認識到了香港擁有世界級的、功能豐富的金融生態系統，其擁有高度發達的產權保護體系和會計、審計、資訊評估、投資諮詢等第三方中介服務體系，以及良好的投資者基礎。日後香港可能會把更多類別的產品代幣化，實現金融市場的價值發現功能，或者挖掘更多區塊鏈技術的實體應用，把該技術擴展到醫療、金融等領域，提高各項服務的效率，覆蓋人們的衣食住行。同時，在「一國兩制」加持下，香港或許會在去中心化作出更多嘗試，這些嘗試在內地未必是可行的，而香港擁有國際化的基因，有良好的防禦體系作保障。

▓▓ 港府將使出組合拳以收效果

這份政策宣言同樣提到了一個非常重要的原則，即「Same activity, Same risks, Same regulation」（相同業務，相同風險，相同監管）。香港的金融市場擁有百年的積澱，每一次發生重大的法律體系改革或監管體系改革，都是為了讓市場更加健康，歷次的金融危機無疑為香港積累了寶貴經驗，為市場的參與者們指明了風險所在，從而幫助他們在未來更好地規避風險，而這些風險點對應的正是監管的目標所在，對應的又是一整套的監管手段或體系。因此，港府該項原則所表達的意思是，無論將來代幣是以什麼形式呈現的，政府都有信心通過各種手段的結合，用「組合拳」的形式達到監管的效果。

著名的「豪威測試（Howey test）」同樣能幫助我們加強對數字貨幣的監管，澄清數字貨幣的投資行為是否符合投資合同的定義、澄清加密貨幣是否屬證券並受證券法約束，該測試在聯繫區塊鏈和數字貨幣項目與投資者上

起到了非常重要的作用。

　　總而言之，明確監管目標是重中之重，包括但不限於投資者保護、控制系統性風險、反壟斷、反洗錢等。未來的區塊鏈領域的生態系統發展也將會在去中心化核心要義的指導下變得更加專業化和精細化。

▓▓ 做好3件事　市場自會興旺

　　政府制定監管新框架可以從哪幾方面發力呢？作為全世界最自由的經濟體，香港一向推崇「小政府大市場」的原則，政府只會把干預的着力點放在需要干預的領域，比如發生系統性的風險時，政府便會下場。實際上，無論什麼類別的資產，做好以下 3 件事，市場自然會興旺。

　　一、確認產權的歸屬並給予法律保護。一旦產權的歸屬明確了，就能夠調動該產權擁有者的積極性，他們會想辦法最大化產權的效用，因為效用的受益者是他們自己。而這對於 Web3.0 生態健康發展的啟示包括但不限於，要把數字公民概念作為 Web3.0 的基建看待，用戶掌控自己創造的內容和數據，並從中獲得價值，去中心化組織 DAO 的搭建和成長靠的就是有共同目標的所有用戶所提供的效用（utility）。政策宣言也同樣提到了產權的確認，一旦確權，該領域的發展空間將是超乎想像的。

　　二、允許自由訂立的合同，包括保護合同。只有權益實現可轉讓、可交易時，權益人才可獲利，產權的價值才能被發現。允許交易、允許在健全的發牌制度下成立虛擬資產交易所，能夠為交易提供便利，從而挖掘虛擬資產

的最大價值。香港是最自由的經濟體之一，資金的流入流出有非常大的自由度，能夠最大化產權的效用。

　　三、完善法律體系，懲治欺詐行為（anti-fraud）。香港的法律體系自我調節能力非常強，許多國際衝突選擇了香港作為仲裁地，是對香港合同法系下自下而上的法律系統和尊重契約的精神寄予了信心。若反欺詐沒有做好，虛假陳述不需要背上法律責任，則好蘋果與壞蘋果得不到區分，劣幣驅逐良幣，則會導致買家失去信心，退出市場，從而造成市場的崩塌。

　　在 2008 年金融危機中，由於資本家的貪婪和政府監管缺失，次貸危機蔓延成為了全球性金融危機，也就是這時，有「比特幣之父」之稱的中本聰（Satoshi Nakamoto）提出了去中心化的概念，當時，人們迫切需要一個去中心化、零信任架構的生態系統；如今，隨着互聯網時代的發展，用戶對自己產生的數據有了更多掌控的欲望和需求，由此誕生了區塊鏈技術和對 Web3.0 生態系統的美好暢想。技術的革新勢必帶來新的生產力，要抓住新的生產力，除了對生態系統基建和監管體系的完善以外，還需要非常多的創新人才。在現有社會財富分布不均且相對固化的情況下，Web3.0 概念給年輕人提供了一個新潮的、決策快的、有發展前景的創新創業平台。該平台兼具社交屬性和造富效應，在未來或許會對人們的生活、全世界的財富分配產生積極的影響。

本文原刊於 2023 年 2 月 7 日
香港《信報財經新聞》

4.8 港打造私募基金註冊中心須改善政策

江競競

香港中國金融協會理事
香港有限合夥基金協會創會會長
金杜律師事務所合夥人

　　無論是《粵港澳大灣區發展規劃綱要》還是《十四五規劃綱要》，都明確提到強化香港作為國際資產管理中心的功能。香港在過去幾年陸續出台了各類吸引私募基金落地的政策，致力成為亞洲私募基金註冊中心。隨着特區政府推出一系列政策支持，包括2018年推出開放式基金型公司（OFC）架構、2019年推出統一基金稅務豁免制度、2020年推出有限合夥基金（LPF）制度、2021年推出附帶權益（Carried Interest）稅務寬減制度、基金遷冊制度，以及對設立OFC進行財政補貼，香港已逐漸成為亞洲私募基金管理人尤其大中華地區私募基金管理人設立基金的一個熱點地區。截至2022年7月31日，共有517隻LPF、83隻OFC和152隻子基金在香港設立，也有離岸基金遷冊香港的成功案例。在全球經濟放緩、全球及香港本地疫情不斷反覆的情況下，香港在過去兩年內能夠在私募基金領域取得如此成績，很大程度上歸功於特區政府高效務實的管治團隊。

▓▓ 特區過去兩年成績驕人

　　儘管成績不俗，但跟傳統離岸私募基金中心比如開曼群島，以

及過去十年異軍突起的盧森堡，甚至是這兩年突飛猛進的新加坡相比，香港要實現亞洲私募基金註冊中心的目標還任重道遠，若要保持過去兩年增長勢頭，吸引更多優質私募基金來港註冊，特區政府需在以下幾方面持續優化基金設立的業態環境，進一步提升香港作為私募基金註冊中心的競爭力：

一、增加資管牌照靈活性

　　香港一直沒有針對私募股權投資基金管理人的專門牌照，在香港從事基金管理業務，通常都須取得香港證監會批准的第 9 類受規管活動牌照。但新加坡和美國針對基金投資策略不同或管理資產規模不同，向基金管理人提供更多的監管選擇，並降低特定類別基金管理人的合規要求和成本。比如，新加坡為風險投資基金管理人專設一類牌照，因其申請門檻低、程序便利、審批時間短而受到私募股權基金管理人的青睞。同樣，美國對於管理資產規模少於 1.5 億美元的基金管理人或風投基金的投資顧問，在滿足一定條件下，可豁免向美國證交會註冊，只須進行簡單備案。香港目前 9 號牌公司約 2000 家，因申請並維持 9 號牌的成本較高，很大程度上壓制了很多私募股權投資基金管理人來港設立基金管理平台。若香港能推出專門針對私募股權投資基金管理人或中小規模基金管理人的專門牌照（或者在 9 號牌中設特定的條件），並降低該等牌照的申請門檻、縮短申請時間，將大大提高香港對私募基金管理人的吸引力。

二、放寬專業投資者認定標準

　　除機構專業投資者，香港「專業投資者」的定義均以資產規模作唯一標準。反觀一些國家的做法，對於專業投資者或合格投資者的界定並不僅限

於資產規模。例如，美國證交會 2020 年 8 月採納了《1933 年證券法》下「合格投資者」定義的修訂，增加了私募基金的知識型員工（knowledgeable employee）、特定證券牌照或投資顧問牌照的持牌代表、滿足特定要求的家族辦公室或其服務的家族客戶。香港僵化的專業投資者定義及認定標準，將很多有能力判斷和承受投資風險的投資者排除在私募基金產品之外，也導致基金管理人在設計團隊跟設計劃時遇到法律障礙。若能適當放寬「專業投資者」的認定標準，將進一步吸引更多私募基金管理人來港設立私募基金。

三、優化基金稅務豁免制度

近年來，特區政府出台了統一基金稅務豁免制度和附帶權益稅務寬減制度，但相關制度仍有不少優化空間，比如單一 LP 基金無法享受基金稅務豁免，推定條文（deeming provisions）過於嚴苛等，讓很多想來港設立基金的管理人望而卻步。另外，附帶權益稅務寬減制度雖已生效多時，但申請細則尚未作最後確定，若最終申請流程複雜、披露訊息過多、審查標準過嚴，也會影響該寬減制度的真正效用。倘特區政府尤其稅務局能聆聽業界聲音，並根據業界反饋在執行相關稅務豁免政策過程中不斷改進和優化相關制度，會進一步增強私募基金管理人對香港作為亞洲私募基金註冊中心的信心。

四、便利私募基金跨境投資

香港最大的優勢在於作為連接中國境內外資本的橋樑，過去十年裏香港與內地在各金融領域的「互聯互通」已成績斐然，但在私募基金領域的互聯互通卻欠奉。我們欣喜地看到，香港財經事務及庫務局局長許正宇上月底接受採訪時表示，特區政府和深圳前海正在醞釀「私募基金通」，協助在港註

冊的私募基金只須通過簡單審批手續便可到內地投資。筆者 2022 年上半年也就特區政府和深圳前海關於「私募基金通」有關的合作提議，向香港金管局提交了書面意見，筆者期待「私募基金通」能盡快落地，並推廣到深圳前海以外的內地其他城市和地區。隨着香港本地基金結構的蓬勃發展，以及內地 QFLP 和 QDLP 的遍地開花，若能利用兩地現有私募基金架構進一步深化香港與內地在私募基金領域的合作，便利私募基金跨境投資和資金流動，香港勢必成為投資內地國際私募基金的首選註冊地，這也將是香港吸引國際基金管理人選擇香港作為基金註冊地的最大優勢之一。

本文原刊於 2022 年 8 月 9 日
香港《信報財經新聞》

港創科劍指國際
呼喚優良制度

黃瑋

香港中國金融協會理事
中聯資產評估（香港分所）所長

為優化經濟結構，新一屆香港政府立志在創新科技下工夫，劍指國際創新科技中心。幸運的是中央政府對此也十分支持，國家《十四五規劃綱要》便提出了支持香港建設國際創新科技中心和融入國家發展大局，把深港河套納入粵港澳大灣區發展規劃，香港與大灣區內城市可優勢互補和協同發展。香港的創新科技必將迎來一輪新的發展機遇。

▓▓ 以新思維突破發展瓶頸

香港的創新及科技局成立於 2015 年，7 年間跨越了兩屆政府和兩位局長，投入了超過 1500 億港元，不遺餘力推動創新科技發展。讓人唏噓的是儘管在基礎學科研究上香港已位居世界「高人」之列，但在科技應用和科學成果轉化方面相比於「歐美中」都屬「矮子」。香港擁世界一流的營商環境，亦有國際金融中心美譽，且背靠中國巨大市場，卻在科技應用、科學成果轉化相對「弱雞」，究其原因眾說紛紜。一說是香港製造業北移之後出現的「產業空心化」所致，另一說法是缺乏初創大軍。

在筆者看來，工業製造、資本、人才和配套服務均是產業化

基礎，北部都會區的發展將會為我們強化深港河套工業製造硬體基礎，而資本、人才和服務都是流動的，唯有建立好優良的制度去吸引和留住優質的資本、頂尖的人才及高質的服務，才能夠打造出充滿生機的產業生態圈。香港創新科技的發展呼喚優良的制度，以吸引和保障科創企業不斷落地香港且蓬勃生長。

優化制度往往要靠創新來突破瓶頸。説到制度的創新，其中為人樂道的是港交所在 2018 年進行上市條例改革並推出 18A，使香港快速成長為全球第二大的生物科技融資中心。筆者相信這個斐然的成績就是在上市制度上大膽創新取得的，正是以創新突破發展瓶頸的一個例證。但筆者也認為，來自制度改革的紅利會在競爭環境中逐步消退，正如我們曾在營商環境中獨享的低稅優勢被各個新興市場超越一樣。我們只有不斷地發展才能解決創新之後湧現的新問題。

創新也許很難，但更難的是每一個創新之後的完善和發展。創新能突破僵局，但創新往往也打破原先的平衡，意味着風險和漏洞。筆者最近整理了從彭博終端搜查到截至 2022 年 6 月 30 日共 47 家 18A 上市公司的股價資料，發現其中跌破了 IPO 發行價的有 43 家之多，並且破發程度平均達到了 60% 左右，最高甚至達 84%。在香港開展政府對評估專業服務的監管有利於防範估值泡沫，控制資本過度炒作，讓科創企業回歸科技創新本業，同時有利於保護投資者，維護資本市場的健康發展。

香港作為國際金融中心，本身對評估的需求龐大。然而在過去的金融史

中，香港並未建立起自己的評估準則，亦未有成立專業機構予以監管。雖然市場上有相關組織如香港測量師學會或香港會計師公會為其會員制定準則，但因大部分評估從業員未受其監管，再加上只是和評估有一定的交集，這令金融監管在評估領域出現缺口，市場上出現了良莠不齊、估值結果差異大甚至缺乏專業操守等問題，日積月累已演變成評估行業發展及金融監管的一大障礙。

反觀國際市場，美國在 1986 年儲貸銀行危機之後認識到評估標準的重要性而推出《專業評估實踐統一標準》，到 1989 年美國國會通過了這個標準。中國在 1993 年成立中國評估協會，2016 年立法通過《中華人民共和國資產評估法》。

新加坡在 2018 年由新加坡會計委員會成立了新加坡估價和評估師協會，並推出相關的資質。媒體最近報道新交所欲加強上市條例，要求上市公司使用受監管的評估報告。可見評估監管在國際及國內均以政府獨立監管為主流。

██ 設評估監管　杜絕漏洞

2021 年政府通過修例把香港會計師公會的職權基本轉移到了會計及財務滙報局，意味着香港用了 15 年的時間在該領域，終於順應國際潮流從業界自監走向了政府的獨立監管。但會計和審計是和評估密不可分的，尤其是上市公司的審計，大都需建基於評估基礎上。説得通俗一些，沒有評估監管的審計監管就像是組織了一場沒脱光的脱衣舞，入得了投資者眼的那些性感

美女，也許就在最後一層沒脫的舞衣裏藏有貓膩。

在香港開展評估監管，有助於拔高香港這個科學成果轉化方面的「矮子」。受監管的估值可以把資金和轉化項目更精準地匹配起來，從而提高科研成果轉化成功率。無論是何種方式的轉化（企業合作、政府資助、基金投資或注入上市公司等），均有需要使用受監管的評估專業服務。沒有估值的轉化項目，科學家對研發成果之市場價值缺乏認識，研發投入和產出可能不成比例。如果政府資助時也沒有估值一刀切資助一個金額，市場價值小的項目得到資助後不會去認真落地，而市場價值大的則會面對資金缺口過巨的困局，需不斷融資輸血才能活下去。如果融資時又沒有受監管的評估，按談判的價格來製造估值，這樣的估值往往已偏離項目本身的內在價值，最終去到資本市場造成了估值的泡沫化。這就是香港目前科學成果轉化中遇到的普遍問題。

只有在香港開始了評估監管，科學成果轉化的節點上做好資金和項目的科學配對，我們能看到更多的科技創新項目落地和健康發展，便可在會計和審計監管上真正做到位，投資者在財務報表上看到的表現才是相對真實的。最後，只有在香港開始了評估監管，才可杜絕評估隊伍裏的害群之馬，擠兌資本市場上的估值泡沫，為香港國際金融中心地位保駕護航。

本文原刊於 2022 年 7 月 26 日
香港《信報財經新聞》

4.10 香港新局：
在岸經濟、離岸市場

沈明高

香港中國金融協會理事
廣發証券全球首席經濟學家
產業研究院院長

　　構建雙循環新格局是中國應對全球大變局的重要戰略舉措，將推動中國乃至全球增長方式的變革，香港也不例外。

▦ 參與雙循環　港續當關鍵角色

　　概括而言，香港將逐步展現「在岸經濟，離岸市場」戰略新局：一方面，在經濟上，積極參與內循環，聯通實體經濟內外循環，與內地經濟同步升級；另一方面，在金融市場發展上，更加突出離岸市場的地位和功能，充分發揮香港的區位優勢，推動中國資本市場的外循環發展。

　　今年以來，粵港澳大灣區建設實現了多方面重大突破。前海合作區總面積擴容 8 倍；粵澳深度合作區涉及橫琴全島主要地區，面積是澳門特區陸地面積的 3 倍多；香港特首也提出發展北部都會區，連接粵港澳大灣區發展。在「十四五」規劃中，廣東省更提出要全面推動粵港澳創新一體化。

　　隨着雙循環新經濟的發展，大灣區的重要性日益突顯。大灣區

對內可以參與內循環，對外則能夠在繼續擴大與美歐日等發達經濟體外循環的同時，拓展與東南亞經濟的聯繫，形成一個以大灣區為平台，整合內需，上連歐美日發達國家，下接東南亞新興市場經濟的全新發展格局。

從外循環到雙循環，香港可以繼續發揮大灣區內其他城市不可替代的關鍵角色，但在岸經濟的成份將會愈來愈重。這主要表現為 1) 香港將深度參與大灣區的產業分工，要素流動更加通暢；2) 創新將成為資源配置的高地，為香港提供優質人民幣資產的投資機會；3) 香港的貿易結構會發生根本性變化，從出口為主轉為進出口並重。

▋▋ 重建政策框架　保相對獨立性

在重視短期治理的同時，香港更要關注長線發展目標。長期方向明確之後，短期的一些觀望和噪音會逐漸消失，可以起到事半功倍的效果。

香港須圍繞在岸經濟來重建政策框架，因應海南自貿島建設，海南與內地的整合與區隔將是重要課題。而在大灣區內，應該利用自身優勢，首先解決這個難題，即既不能簡單禁止，亦不能放任之；既須鼓勵要素合理流動，又要規範不合理的套利交易行為。

同樣重要的是，要確保香港市場的相對獨立性和定價權，使香港成為人民幣和人民幣資產的離岸市場。從美元國際化的經驗來看，境外美元和美元債的發行，極大地提升了美元的國際地位；而人民幣的境外交易和人民幣計價債券的境外發行，屬離岸市場發展的核心，也是人民幣國際化的必經之

路，香港應該牢牢抓住這個機會。

▘▘ 資管業迎榮景　金融界發展良機

隨着中國經濟實力進一步上升，資管行業將迎來黃金期，是香港金融市場再上一個台階的契機。過去6年，儘管中國資管業的資產管理規模（AUM）從 20.5 萬億元人民幣擴大到接近 59 萬億元人民幣（年均複合增長率達 19.3%），惟其佔中美資管 AUM 總和的比重，自 2016 年起至今卻一直維持在 25% 左右。在居民收入持續增加下，中國內地和香港的資管格局會有顛覆性的改變。

首先，充分發揮規模優勢。按照聯合國標準，在 1980 年，全世界的發達國家人口有 13.1 億，但中高收入國家只有 5.1 億人，其他為中低收入人口；到 2019 年，發達國家人口減少至 11.9 億，中高收入國家人口則大幅上漲到 26.1 億。中高收入人口佔比從 1980 年的 11.5%，迅速提升到目前的 34%，佔全球三分之一，其中中國是關鍵力量。

其次，利用人民幣升值的機會，推動人民幣資產成為全球核心財產。在發達國家，國內消費增速相對於美國的增速差，基本決定了兩地利差的走向。在歐洲，消費增速差在很大程度上領先利差走勢。雙循環經濟將支持中美利差在現有水平上走闊，是中國經濟競爭力相對提高的結果，支持人民幣進入升值通道，加大人民幣資產的吸引力。

第三，拓寬香港證券市場的基礎。香港要更加重視債券市場的健康發

展，包括美元債和人民幣債；同時加快大灣區資本市場的互聯互通，隨着「跨境理財通」業務落地，互聯互通應該從「產品聯通」升級到「金融聯通」。從長期來看，香港應降低交易成本，因為交易是產品創新的基礎，較低的交易費用可以鼓勵創造出能滿足不同需要的更多金融產品，而且交易愈活躍、市場流動性愈好，資產定價就愈具競爭力。

本文原刊於 2021 年 11 月 2 日
香港《信報財經新聞》

4.11 港應轉變思想
把握 RCEP 機遇

吳斯維

香港中國金融協會理事
大中華金融業人員總會創會主席
南洋商業銀行助理總裁

在 2020 年 11 月 15 日，中國與日本、南韓、紐西蘭、澳洲及東協 10 個，共 15 個亞太國家及地區，簽署《區域全面經濟夥伴關係協定》（*Regional Comprehensive Economic Partnership*，簡稱 RCEP），進一步鞏固中國和亞洲的關係；RCEP 的簽署，意味着為未來的全球自由貿易共融發展，帶來新的機遇。

一、亞太經濟一體化

《區域全面經濟夥伴關係協定》涵蓋了全球 22 億人口，人口佔比 30%；GDP 總和達 26.2 萬億美元，全球經濟總量佔比 30%，若以人口和 GDP 總計，其是全球規模最大的自由貿易區協定。RCEP 於 2011 年東協高峰會（ASEAN Summit）首次提出，並於 2012 年正式啟動談判，經歷超過 8 年的研討和談判才正式誕生。RCEP 覆蓋的內容十分廣泛，除了包括消除內部貿易壁壘、創造和完善自由投資環境、擴大服務貿易等方面，還將對貨品及服務、電子商貿、知識產權保護、競爭、中小企業、經濟技術合作及政府採購等領域，進行關稅調整和建立相關規則；將有利帶動區內貿易，推進國際產業分工和防止全球供應鏈斷裂；進一步促進亞太地區區域

經濟的合作和整合，助抗衡歐美等國家去全球化和各種保護主義的逆流。

二、對本地帶來機遇

　　香港雖然一直沒有參與 RCEP 的談判，目前也不是 RCEP 成員，但 RCEP 對香港非常重要，除了地緣、政治、經濟的緊密關係外，RCEP 成員國也是香港的重要貿易夥伴，根據政府統計處的資料，2019 年香港與 RCEP 成員國的商品貿易額高達 6 萬億港元，佔比總額 71.3%，其中內地和東盟是香港最大貿易夥伴。同時，本地大部分公司，在開展商品貿易經濟活動中所涉及的產品，主要來自 RCEP 成員國的生產，特別是中國內地；而且愈來愈多香港的製造商把供應鏈從中國拓展至東盟國家。如按 RCEP 協定內容，香港公司如在區內生產將可受惠較低的關稅、更簡便的規則和程序，以及優厚市場准入待遇。

　　此外，雖然以香港為總部的公司無法直接受惠 RCEP 的服務自由化措施，但香港除了與中國訂有《內地與香港關於建立更緊密經貿關係的安排》（CEPA）外，同時亦已經和東盟、澳洲及紐西蘭等國家簽署有高規格的自貿協定。而且 CEPA 是香港人十分熟悉的貿易協定，這是在中國「一國兩制」框架下，為世界貿易組織會員的相對協定，對同樣屬於一個國家的貿易方面之條約；國家對港澳地區的特別政策，先後在 2003 年 6 月 29 日及 10 月 18 日簽訂。

三、鞏固金融中心地位

　　RCEP 是以推動區域及全球多元化貿易為主的協定，但香港已經是自由

港，在產地來源的協定下，以轉口貿易為主的香港，同樣享有 RCEP 待遇。RCEP 亦發展到其他方面，如專業服務、知識產權、物流、投資、智慧城市等，當然，還離不開金融、數字貨幣、國際金融治理等方面。因此，對香港而言，更為重要的是要鞏固香港國際金融中心的地位。

金融業是香港的龍頭業務之一，香港應發揮獨特的國際化金融優勢，在資本融通、銀行服務、人民幣結算、人民幣離岸市場等方面積極提供專業化服務。英國倫敦有「金融城」，對促進金融業發展起到推動作用。而 RCEP 的內容亦包括金融業的元素，因此對於「香港金融城」的概念，港府應該有更深入的研究和考慮，以提升香港在 RCEP 成員中的角色和競爭力，利用香港金融中心地位，吸引不同國家的金融機構落戶香港「金融城」。香港可借助 RCEP 的概念，以及透過與 RCEP 成員國的合作，加強 RCEP 元素的競爭優勢，進一步推動區域金融市場的融合和提升區域經濟發展動力。同時透過 RCEP 契機，進一步加強對「一帶一路」和《粵港澳大灣區發展規劃》的融合和發展，做好中外金融、貿易發展和經濟交流的橋樑作用。

RCEP 是一個很好的機遇，對香港也非常重要，能夠幫助香港未來發展，提升金融業競爭力，希望政府盡快部署並掌握最好的機遇，再為香港新經濟發展騰飛啟航。

本文原刊於 2021 年 2 月 16 日
香港《信報財經新聞》

香港「兔」氣揚眉衝刺上 RCEP

　　近兩年前，筆者曾於本欄撰文〈港應轉變思想 把握 RCEP 機遇〉。筆者認為，香港應該盡快加入《區域全面經濟夥伴關係協定》（*Regional Comprehensive Economic Partnership*，簡稱 RCEP）。它是一個對香港發展非常重要的機遇，能夠幫助香港提高整體經貿競爭能力。通過這個契機，可以進一步加強對「一帶一路」和粵港澳大灣區發展規劃的融合，起到中外金融貿易和經濟交流的橋樑作用。期望香港特區政府盡快部署，讓本港新經濟發展騰飛啟航。

▦ 推動經濟合作發展添動力

　　然而，過去兩年，香港在 RCEP 的申請進程，仍在長跑衝刺階段。作為長期以來國際金融、貿易和航空中心，以及連接中國內地與世界的超級紐帶，本港在加入 RCEP 方面的工作有待改善，必須加快進展步伐。近兩年來 RCEP 發展備受矚目，自 2022 年 1 月 1 日起，由東盟 10 國及中國、日本、韓國、澳洲和紐西蘭等聯合簽署的全球最大經濟體量和具重大發展潛力的 RCEP；已開始正式生效實施。截至 2023 年 1 月 10 日，15 個簽署成員國中，生效成員的數量已達 14 個。RCEP 生效一年以來，雖然新冠疫情肆虐，全球經濟下行壓力持續加劇，並受到經濟全球化和自由貿易嚴峻挑戰，但在各成員國的協同下，RCEP 作為全球最大自由協定，致力推動合作共贏，為各國提供新的機遇。它進一步強化區域內產業鏈和供應鏈的合作，為區域經濟合作和全球經濟發展增添了新的動力。

　　據統計，中國是 RCEP 成員國中最大的經濟體，內地通過貫徹執行多邊貿易體系發展和開放區域化發展，促進貨物貿易，及確保優惠原產地規

則的發揮，實行高標準實施海關程序和貿易便利法規則，提高了服務、貿易對外開放水平等，讓合作夥伴充分分享中國開放機遇和發展紅利。截至 2022 年 11 月底，中國與 RCEP 成員國進出口總額高達 11.8 萬億元人民幣，按年升 7.9%，充分反映 RCEP 區域貿易自由化的優勢。

同時，內地對東盟進出口按年多出 15.5%，遠高於對外貿易整體增速的 7.7%，反映中國在 RCEP 中扮演重要角色，及預示其經濟具備強大的發展潛力，而這將為 RCEP 成員國帶來更為高質量、更深層次的區域經濟一體化發展空間。其次，內地也開始與東盟國家加強深度合作，重整全球產業供應鏈，為區域經濟復甦，以及對疫後的世界經濟復甦，發揮更為強勁的動力和關鍵作用。在香港爭取加入 RCEP 方面，香港特區政府於 2022 年 1 月 1 日開始，當 RCEP 成員逐步確認協議生效後，已致函予 RCEP 保管方，即向東南亞國家聯盟秘書處正式提出香港特區申請加入的要求。同年 5 月底，在曼谷舉行的亞太區經濟合作組織貿易部長會議期間，香港代表亦與多個 RCEP 成員經濟體的經貿部長會面，爭取他們支持香港特區加入 RCEP，銳意重返「世界舞台」。

RCEP 的 15 個成員中，均為香港主要貿易夥伴。東盟早於 2010 年便成為香港第二大貿易夥伴，關係緊密。其中，貨物貿易佔香港 2021 年總額逾 70%；服務貿易及投資（包括外來直接投資與對外直接投資）也分別佔香港 2020 年總額約 50%。此外，香港亦與 RCEP 的 15 個成員（經濟體）中，除了日本、韓國以外的 13 個，簽訂了不同的雙邊自由貿易協定，可見本港已開始進入 RCEP 組織的節奏，預期香港加入 RCEP 後，經濟增長潛力將進

一步得到提速。隨着疫情「復常」漸見曙光，中國也重新啟動開放政策，與世界各國領導人，開始多方面的外交互訪活動，加快世界經濟的復甦進程。歐美國家也逐步意識到未來將面臨經濟衰退的壓力，加強與中國的合作溝通和融合，將有利於世界經濟與和平的繁榮穩定。

另一方面，2023 年是中國提出「一帶一路」倡議的 10 周年，預期年內將舉辦第三屆「一帶一路國際合作高峰論壇」，這將加強經濟全球化的發展。同時，中國與東南亞的經濟融合，將更有效地與東盟緊扣一起。把美國等外部勢力的影響減低，從中美博弈的困擾中突圍。可以預見，香港作為中國在國際市場上緊扣的重要一環。加入 RCEP，已處於東風着意的最好時機。本港一旦成功加入 RCEP，將深化與各成員國的雙邊經貿關係，為經濟創造新的發展動力，強化國際競爭力，以及帶來更積極和龐大的經濟商機。

香港特別行政區作為中國長期以來的經濟發展樞紐中心，在國家「一帶一路」倡議、國家《十四五規劃綱要》及粵港澳大灣區建設等方面，本港均擔當非常重要的角色。國家主席習近平在香港回歸 25 周年「七一重要講話」中，重點指出支持香港拓展暢通便捷的國際關係。因此可預見，香港加入 RCEP 後，其作為中國內地和世界的橋樑作用將得到進一步的鞏固和發揮，為內地企業走向國際，以及吸引外商投資內地，創造更大的價值。

本文原刊於 2023 年 1 月 31 日
香港《信報財經新聞》

作　者	香港中國金融協會
主　編	張麗
副 主 編	胡章宏、翟普、陳東、陳凱、丁晨、黃少明、姜濤、蔣國榮、連少冬、梁森林、林涌、陸挺、羅佳斌、孟羽、潘浩文、浦永灝、祁海英、孫明春、譚岳衡、陳林龍、林治洪、張霄嶺、常健、陳浩華、陳頡、費翔、黃瑋、江競競、陸海天、明小沖、謝炯全、沈明高、田丹、熊力頍、王秉中、吳斯維、楊鋒、楊再勇、姚杰、張奕敏、趙佳音、朱曉軍、朱哲煜
編 輯 組	樊榮、盧靜、高凡、段婷、陳瑞達
責任編輯	Tim Chan
設　計	馬高
出版經理	黃詠茵、李海潮
圖　片	信報財經新聞有限公司
出　版	信報出版社有限公司 HKEJ Publishing Limited
	香港九龍觀塘勵業街 11 號聯僑廣場地下
	電話　(852) 2856 7567　傳真　(852) 2579 1912
	電郵　books@hkej.com
發　行	春華發行代理有限公司 Spring Sino Limited
	香港九龍觀塘海濱道 171 號申新証券大廈 8 樓
	電話　(852) 2775 0388　傳真　(852) 2690 3898
	電郵　admin@springsino.com.hk
	台灣地區總經銷商
	永盈出版行銷有限公司
	台灣新北市新店區中正路 499 號 4 樓
	電話　(886) 2 2218 0701　傳真　(886) 2 2218 0704
承　印	美雅印刷製本有限公司
	香港九龍觀塘榮業街 6 號海濱工業大廈 4 樓 A 室
出版日期	2023 年 7 月初版
國際書號	978-988-76644-0-6
定　價	港幣 168 ／ 新台幣 840
圖書分類	金融理財、工商管理